ストロー呼吸でお腹がスッキリ凹む

1日5分

コンディショニングトレーナー
牧野講平 著

大泉書店

はじめに

パーソナルトレーナーとしてデビューしてから、関わってきた個人選手は百人ほど。さらに、チーム指導を加えると、アスリート指導の累計は1万人にも上ります。これまでの指導経験から、特に私の指導法の軸となっているのが「呼吸法」です。本書を通して、その効果と魅力を多くの方々にお伝えできればと思っています。

そもそも、本書のテーマである「呼吸法」に着目したのは、フィギュアスケートの浅田真央選手の指導を担当することになり、そこではじめてアメリカで学んできた体力トレーニング法では通用しなくなったことからです。今ある体の機能を改善しながら、どう有効に使っていくかを模索し、それまで主流だった「ストレングス・トレーニング（筋力トレーニング）」から「ファンクショナル・トレーニング（運動機能を高めるトレーニング）」へと、発想の転換が必要になりました。

そんな折、著名な海外の医学書（『脊髄のリハビリテーション　臨床マニュアル上・下巻』）に出合い、これが大きなヒントとなったのです。その中には、障害があって体が動かせない方にとって呼吸がいかに大事かということが、大きく取り上げられていました。たとえば、生まれたばかりの赤ちゃんは、体をまったく動かせなくても「呼吸」はできます。日が経つにつれ、顔の位置を動かし、手足をバタバタさせ、寝返りを打ち、這《は》って歩くようになり、次第に体幹部分が発達してきます。これらの運動機能発達の過程で、最初の段階が「呼吸」なのです。

この体幹の最初の発達段階である「呼吸」に着目して浅田真央選手の指導を行い、トライ&エラーを繰り返しながら、数々の指導内容を取捨選択してきました。その結果、2010年のバンクーバーオリンピックで、浅田選手は見事、銀メダルを獲得しました。その後は、スキージャンプの高梨沙羅選手、野球の前田健太選手、フェンシングの太田雄貴選手などの指導を重ねて、次々に勝利に導いてきました。

私がアスリートを指導するにあたり、何よりも重視することは選手を勝利に導くことです。そのためには、フィジカルという側面から、選手をひたすら分析することが必要です。アスリートの勝敗を決する6つの基本要素は「①戦術、②技術、③フィジカル、④心理、⑤環境、⑥用具」です。何かミスが起きたとき、どの要素が主な原因になっているか、どの要素へ影響を与えているかを分析します。そして、トレーナーとしてフィジカルの側面からいかに改善できるかを考えなくてはなりません。多くのトレーナーは過程を大事にします。しかし、どんなに素晴らしい理論も、選手が負けてしまっては意味がありません。勝つためには、それまで常識とされていた理論であっても、選手に合った指導内容でなくてはならず、取捨選択する必要があることも多いのです。そんな中、多くの選手に共通して必要なのが「呼吸法」でした。

このようなトップアスリートの指導以外にも、歩行が困難だったり、腰痛、肩こりに悩む一般の人を個人で指導することもあります。最近、街を歩いていると、ついついトレーナー目線で観察してしまいますが、姿勢が悪く、歩き方が正しくない人を多く見かけます。それが原因による腰痛や膝の痛み、ポッコリお腹に悩む人が増えているようです。「姿勢」と「呼吸法」は密に連携してくる要素です。だからこそ、一般の方々にも「呼吸法」の効果を普及したい、そう考えています。

本書の「ストロー呼吸」は、ラクして効果が出せる画期的な方法です。「トレーニングはツラければツラいほどよい」という時代は終わりました。この本を手に取ってくださった皆さんは、ラクしてやせましょう。現代は健康が重要視される時代です。「呼吸」に意識を向ければ、肩こり・腰痛など体の不調が緩和され、お腹がスッキリ引き締まり、いいことだらけです。呼吸は誰でもいつでも行っていますが、普段は誰も意識していません。しかし、呼吸法の改善は、いつでもどこでも誰にでも簡単にできます。「忙しいから」という言い訳すらできません。是非「ストロー呼吸」にチャレンジしてみてください。

牧野講平

目次

PART 2 「ストロー呼吸」で、ポッコリお腹が改善する

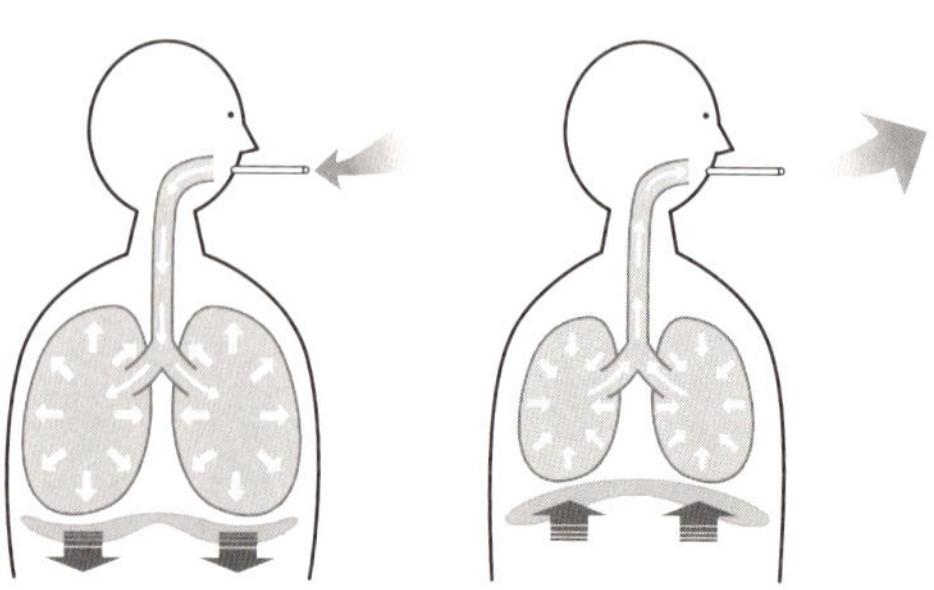

PART 3

「ストロー呼吸」の前に、コンディショニング

PART 4 簡単！「ストロー呼吸」をはじめよう！

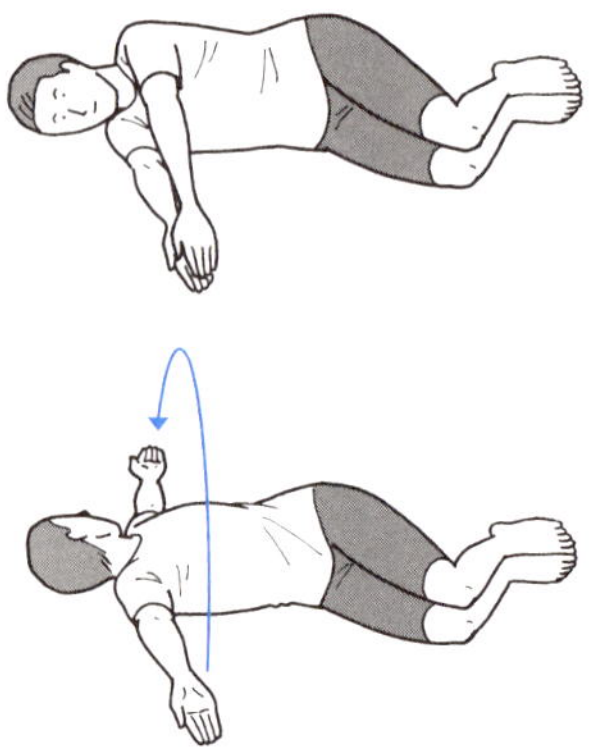

PART5
他にもある！「ストロー呼吸」のスゴイ効果！

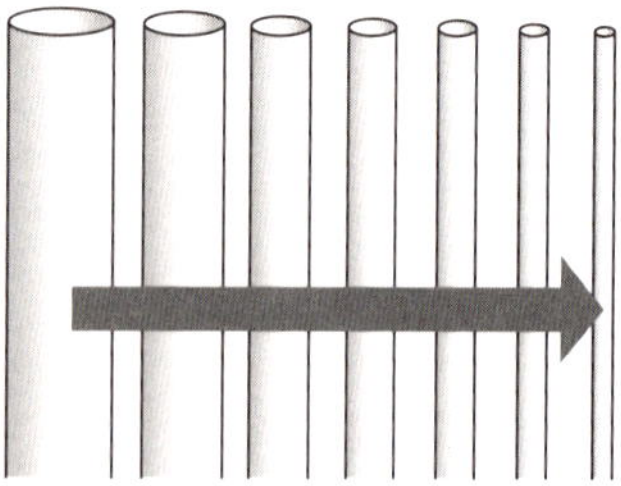

PART 6 「ストロー呼吸」なら、3週間でお腹が凹む！

「ストロー呼吸」Q&A

PART 1

「ストロー呼吸」の原点は、トップアスリートの指導から

これまでトップアスリートのパーソナルトレーニングを行ってきた中で、試合で勝つには呼吸がいかに大切かということを痛感しました。ここ一番というときの呼吸によって、勝負が分かれます。一般の人にも参考になるトレーニング法です。

フィギュアスケート
浅田《あさだ》真央《まお》元選手

体重は増やさず、パフォーマンスを高める

2008年、フィギュアスケートの浅田真央選手の専属トレーナーになったとき、「体を大きくしたくないけれど、パフォーマンスは高めたい」という要望を提示されました。フィギュアスケーターは、毎日100グラム単位で体重を量り、食事量・内容を調整して、体重管理を万全にしています。私が米国の大学でトレーナーの勉強をしていた頃、アメリカンフットボール選手や野球選手は「いかに体を大きくして、筋力を強くするか」が、トレーニングの主流でした。これまでのトレーニング法では対応できず、発想の転換が必要となりました。

勝負技トリプルアクセルを跳ぶには、まず筋力をつける必要があります。しかし、筋肉量が増えれば、体重も増えてジャンプが困難になります。筋力を鍛えつつも、体

重はそのまま維持しなければなりません。

浅田選手のトレーニング計画は、次の3つを基本に組み立てました。①「解剖学＝筋肉、関節、神経などの体のしくみ」、②「運動力学＝動きと力の関連性」、③「運動生理学＝運動による身体内の反応」。なかでも、生理学に含まれる「呼吸」については、当時のトレーニング界においてまったくの新しいアプローチでした。当時、「深い呼吸によって手の可動域が広がる→スポーツへ応用できるだろう」程度の認識で、効果を立証するものがありませんでした。浅田選手との信頼関係を築きながら、「呼吸」の大切さを説くことからスタートしたのです。呼吸のトレーニングは、とてもシンプルなものです。呼吸筋を柔軟に大きく動かすことで、深い呼吸ができるようになり、新陳代謝がアップして、体重の増加を防げるだけでなく、筋肉のパフォーマンスも高まります。

そして、試合直前に「息を吐く」ことが功を奏しました。スケートリンクに入る前と、楽曲が鳴る前にポーズを取ったときに、落ち着いて息を吐き集中力を高めます。このような呼吸法を意識することで、世界の浅田が誕生したのです。

スキージャンプ　高《たか》梨《なし》沙《さ》羅《ら》選手

疲労性の痛みをコンディショニングで解消

高梨沙羅選手との出会いは２０１１年で、彼女が14歳（中学2年生）のときです。通常、トレーニングは肉体強化のために行うのですが、彼女の場合は「痛みがあって練習ができない」という状態でした。足の裏の疲労性の痛みに加え、脛《すね》の痛みに苦しんでいました。まだ程度が軽かったので、対処するとその場で痛みが消えました。日々、ハードな練習を重ねているのに、まったくケアされていなかったのです。

高梨選手は大学で解剖学を学んでいて、筋肉の名前や働きまできちんと把握した上で、どこがどう不調なのかを具体的に説明してくれます。ストイックで集中力があり、トレーニング中は真剣そのもの。私からは理論をこんこんと説明しています。主に体をどう調整するか、呼吸法を含めたコンディショニングなどの内容です。具体的には、張った筋肉をどう緩めるのか。張りによる骨格のズレ、歪んだ体と呼吸の関係性などを解き明かしながら、指導を進めました。

1年を通して継続的にトレーニングを行い、目に見える改善がありました。そして2012年、インスブルックユースオリンピックで金メダルを獲り、森永製菓とアスリート契約を結びました。

スキージャンプの場合も、試合で勝つには体重管理が生命線となります。スキー板の長さは、身長と体重によって決められるため、体脂肪を極限まで落としての体重コントロールを、管理栄養士による食事の指導や呼吸法などによって実践してきました。

さらに、スキージャンプでは「飛び立つ瞬間に、息を吐く」ように指導していますが、呼吸にばかり意識を集中し過ぎると、体が固まってしまいます。試合直前は、呼吸が浅くなりがちで、極度な緊張状態に陥ります。2018年の平昌オリンピックでは、ゲートに入る前に「呼吸を感じなさい。息を吐きなさい」が、最後のアドバイスでした。そして見事、高梨選手はその手で銅メダルを獲得することができたのです。

野球

前田《まえだ》健太《けんた》選手

軸を感じながら、背骨をフラットにする

前田健太選手と会ったのは、2011年。思うような結果が出せなかったシーズンのオフでした。「筋肉をつけてもっと速い球を投げられるようにできないか」という要望がありました。当時、野球界ではウエイトトレーニングにより体を大きくしてパワーを高めるのが主流でした。確かに筋肉を増やせば、単純に今よりも速い球が投げられるかもしれません。ただし、関節にかかる負担も大きくなるというデメリットから「もし、この先10年間活躍したいと思うなら、単に筋肉を増やすだけのトレーニングをやめて、球に効率的に力を伝えるための体の使い方の修得など、ピッチングに必要なトレーニングをしましょう」と提案しました。

それまで本格的なトレーニングを行っていなかったので、他の選手と同じように、

基礎・基本からトレーニングをスタート。まずは、コンディショニングで筋肉の機能を高めます。そして、軸の安定化、効率的な重心移動や体の回し方など投球動作を分解しながら、ポイントを押さえるように段階的にトレーニングしました。

投手にとって軸（体幹）を意識することは重要です。ここでの軸は背骨を指しますが、前後左右に傾いてしまうと、うまく回すことができません。また、軸がぶれないように力んでもうまく回すことができません。体がブレないように抑えるだけの力は必要ですが、ボールにしっかりと力を伝えるために、無駄な力は抜くべきです。体重移動をしてからボールをリリースするまでの間に一番力が入りますので、その瞬間に息を吐くとよいでしょう。また、ピンチを迎えたときや、緊張度が高いときこそ、深い呼吸を心がけると、コンディション調整ができます。

前田選手は、もともと体の使い方が上手いので勘所がよく、大きな怪我もせずに活躍できているのだと思います。２０１７年シーズンには、自己最速を記録しています。

フェンシング 太田《おお た》雄貴《ゆう き》元選手

脱力してしなやかに、スピードを出す

太田雄貴選手は、2012年のロンドンオリンピックで銀メダルを獲得した後に一度引退しましたが、2013年に復帰して当ラボでサポートするようになりました。

フェンシングは、中世の騎士の剣術が原型で、他のスポーツにはない「特殊な動き」がたくさんあり、それらを一から変えるくらいの意気込みで取り組みました。①フォームの検討、②体の使い方、③呼吸（間の取り方）。試行錯誤しながら、よかったら続け、悪かったらやめるというようにトレーニングの方向を探ります。

トップアスリートは、世界でいろいろな国の選手と戦います。そもそも海外の選手と日本人選手とではDNAが異なります。黒人は背筋力が3倍強い、白人は1・5から2倍強いと言われています。元は狩猟民族、農耕民族という背景でも異なります。

日本人は背筋力でこそ劣りますが、田植えなどの文化から足腰は安定しており、耕す手先の器用さがあります。DNAとして備わった、これらの利点を活かすことが、勝利への道と確信しました。ヨーロッパの騎士は、パワーでもって剣を振り下ろしますが、日本の侍は、しなやかな動きとスピードで立ち向かいます。太田選手の指導は、宮本武蔵の兵法書「五輪書《ごりんのしょ》」からインスピレーションを得て、武道のスピリットを活かしたトレーニングを展開しました。

もともとフェンシングはスピードが命ですが、日本人が筋力だけでスピードを出そうとすると限界が生じます。自身の筋力をフル活用するには「脱力」することが鍵でした。また、呼吸が乱れて剣先が上がってしまうと、的に当たりません。どんなに疲れた状態でも、呼吸を整えることが大事です。さらに、力を出したい瞬間に、ハッと息を吐く。狙ったタイミングで吐くには、いつ吸っておけばいいのかも大事です。こうして、武道から学んだ「脱力」と「呼吸」という、太田選手の試合スタイルが完成し、再び2015年のモスクワの世界選手権で優勝に返り咲き、大いに世界を驚かせたのです。

ゴルフ　宮里美香《みやざとみか》選手、有村智恵《ありむらちえ》選手

長期間の試合による、蓄積疲労を解消する

プロゴルファーのシーズンは、３月から11月。９カ月間にわたる長い期間です。１年でトレーニングをして、体を調整するのは至難の技。試合続きなので、選手は蓄積し続ける疲労との戦いです。

ゴルファーでは、宮里美香選手と有村智恵選手を指導していました。選手によっては「もう少しパワーがほしい」、「もう少ししなやかに」などの要望があります。無理をすると、体がまわらなくなったり、飛距離が落ちてしまうので注意が必要です。

有村選手とは試合帯同トレーニングをしていました。努力家で日が落ちるまで練習に励む選手です。宮里選手はアメリカツアーに参戦していたので、海外での試合がほとんどです。練習量は比較的少ないですが、その分集中力が高い、才能あふれるゴル

ファーです。

彼女たちには、疲労回復のためのコンディショニング方法や、効率的な体の使い方などを指導してきました。帯同していると、ウォーミングアップの段階で体の変化に気づくことがあります。そんなときは、事前に体の調整をするのも、パーソナルトレーナーの仕事です。調子が悪いときには、具体的な原因を探りながら、全力でサポートします。有村選手はマッサージの先生と、私の2本立てでした。マッサージの先生と相談しながら「どの筋肉が張っているから、こういう動きになっている」と原因を究明し、その対処法を練ってきました。

ゴルファーにとって呼吸は重要です。息を吐きながらボールを捉えると、上手く力がボールに伝わります。打つ前に息を吐く。打つ前の動作を上手く調整してこそ、打つ瞬間に大きな力が出せます。息を吸いながら上げて、息を吐く、力を入れる。ゴルファーの場合も、呼吸法を会得することが、とても大事なことです。

トップアスリートの呼吸法を一般の人に活かす

　これまで携わってきたトップアスリートの指導の中で、呼吸法の重要性を痛感しました。スポーツの種類は幅広いですが、どの種目でも呼吸法のトレーニングは効果を発揮しています。フィギュアスケートやスキージャンプの選手たちの体重管理にも呼吸法を利用しました。

　さらに、呼吸のタイミングも重要で、「本当に力を出したい！」ときには、ハッと強く短く息を吐くと、効果的です。フィギュアスケートはジャンプの瞬間に、スキージャンプは飛び立つ瞬間に、野球は投球の瞬間に、フェンシングは相手を突きに行く瞬間に、ゴルフは打つときに……。狙った瞬間に、思いきり息を吐くと、最大限の力が発揮できます。これは、一般の人がスポーツをする場合も、大いに役立つでしょう。

そして、トップアスリートも一般の人も、もっとも大切なのは、深い呼吸ができることです。緊張してストレスがたまると、呼吸筋が柔軟に動かなくなり、どうしても呼吸が浅くなってしまいます。逆に、深い呼吸ができれば、呼吸筋を大きく使えて、眠っていた筋肉を大きく動かすことができ、代謝アップにもつながります。

本書では、トップアスリートへの指導を、一般の人向けにアレンジするために、ストローを使った呼吸法を展開しています。何もなしで呼吸をするより、ストローを使ったほうが肺活量が多くなり、効果が出やすいのです。

誰でも簡単にできる「ストロー呼吸」のトレーニングをすれば、呼吸筋（主に腹横筋）が鍛えられ、確実にポッコリお腹が改善します。次の章からは、そのメカニズムを詳しく紹介していきましょう。

COLUMN 1

〔間違いだらけのポッコリお腹対策〕

▼

×腹筋運動を頑張ればポッコリお腹は凹む

ポッコリお腹を改善するために、腹筋運動をする人が多いようです。しかし、**腹筋運動は1回でたった0.5キロカロリーしか消費できません。**たとえば、成人男性が1日に2500キロカロリーを食事から摂取した場合、摂取オーバーした500キロカロリーを消費するには、腹筋運動が1000回必要になります。

そもそも「腹筋運動をしたらお腹の脂肪だけが減り、ランニングをしたら脚の脂肪だけが減る」という、部分やせはできません。というのも、何らかの運動をしたとき、そのエネルギー源として体脂肪を消費することによって、体全体の体脂肪が減っていくというのが体のしくみです。部分ではなく、全身の脂肪が消費されるのです。

また、筋力の強化という面で見ると、腹筋運動は、お腹の正面にある腹直筋《ふくちょくきん》という筋肉を強化します。その本来の働きは背骨の曲げ伸ばしにあります。つまり、お腹を引き締めるために、ターゲットとする筋肉ではないのです。

ポッコリお腹を改善するには、腹直筋より深部にある「腹横筋《ふくおうきん》」を強くして、十分に働いてもらう必要があります。

PART 2

「ストロー呼吸」で、ポッコリお腹が改善する

「ストロー呼吸」は、1本のストローを使って息を「吐く→吸う」だけのトレーニング法。一般の人でも簡単にできる呼吸法で、呼吸筋の機能が正常に働き、ポッコリお腹がみるみる凹みます。

ポッコリお腹の原因がわかれば対処法も見えてくる

「若い頃とは違って、お腹まわりに余分な脂肪がたまり、ズボンのウエストがきつくなった」と嘆いていませんか。運動不足や暴飲暴食を重ねた結果、気がつけば、ポッコリお腹に！　「何を試してみても、ちっともお腹が凹まない。もう年だから、仕方ないか……」と諦めてしまうのは、まだ早いです。原因を探れば、効果的な対処法が必ず見つかります。

ポッコリお腹になる原因は、実にシンプルです。**悪い姿勢が続くと体が歪み、横隔膜や腹横筋などの呼吸筋（37ページ参照）の動きが小さくなり、浅い呼吸しかできなくなります。**そうなると、血液やリンパ液がスムーズに流れず、特に**腹部のリンパ液の流れが悪くなって老廃物が滞留し、お腹に脂肪がたまってしまいます。**これが、ポッコリお腹へとつながる流れです。

つまり、ポッコリお腹を改善するには、逆のことをすればいい訳です。姿勢を正して、呼吸筋の動きを大きくし、深い呼吸をすることです。本書では、呼吸筋の動きを柔軟にする「コンディショニング（68〜73ページ参照）」で体の基礎づくりをします。その上で、呼吸のトレーニング「ストロー呼吸」（82〜91ページ参照）をすることで、呼吸筋を大きく動かし、ポッコリお腹を改善していきます。

「ストロー呼吸」のメカニズムをもう少し詳しく述べると、ストローを使って呼吸する（負荷をかける）と、呼吸筋の中でも**お腹まわりの腹横筋や腹斜筋を機能させることができ、横隔膜も大きく動いて深い呼吸になります。**そして、**腹部を中心にリンパ液の停滞が解消し、老廃物が排出され、ポッコリお腹が改善します。**

お腹まわりは、油断すればすぐに体脂肪がたまりやすい部位です。日々の「ストロー呼吸」の実践で「お腹を凹ませる」簡単トレーニングをはじめてみましょう。このように呼吸筋をフルに機能させる呼吸は、継続すればするほど、うれしい効果も高まります。

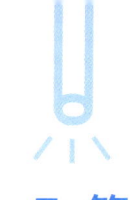

筋肉は「鍛える」のではなく「正常に機能させる」ことが大事！

年齢を重ねていくと筋肉量が減り、脂肪が増えていく傾向があります。お風呂の鏡に映ったプヨプヨの体にハッとして、キツイ筋トレに取り組む人もいるかもしれません。もちろん、衰えた筋肉を多少なりとも鍛えるのは、いいことです。しかし、もっと大切なのは、**今ある筋肉を「鍛える」より、しっかりと「機能させる」**ことです。

筋肉は、必要なときに瞬間的に収縮して力を発揮し、緩んですぐに元に戻ります。筋肉が機能していない状態とは、筋肉の中にある筋繊維が伸びたり縮んだりした状態が長く続き、そのまま固まってしまっていることです。そうなると、どちらの筋肉にも力が入って、凝りや痛みが生じたり、代謝が低下したりします。

では、筋肉を正常に機能させるには、どうすればいいのでしょうか。どちらの筋肉も**「筋肉が縮んでもいないし、伸びてもいない」。しっかりと動く状態を保つ**ことが肝要です。本書では、まず「コンディショニング」で固まった筋肉を正常に機能させるベースをつくり、次に「ストロー呼吸」で、呼吸筋にターゲットを絞り、それらを正常に機能させることが可能です。

多少キツイ筋トレをしないと、効いた気がしないと思う人も多いのですが、それは間違いです。「ストロー呼吸」なら、最小の努力で最大の効果が期待できます。

筋肉が伸びた状態

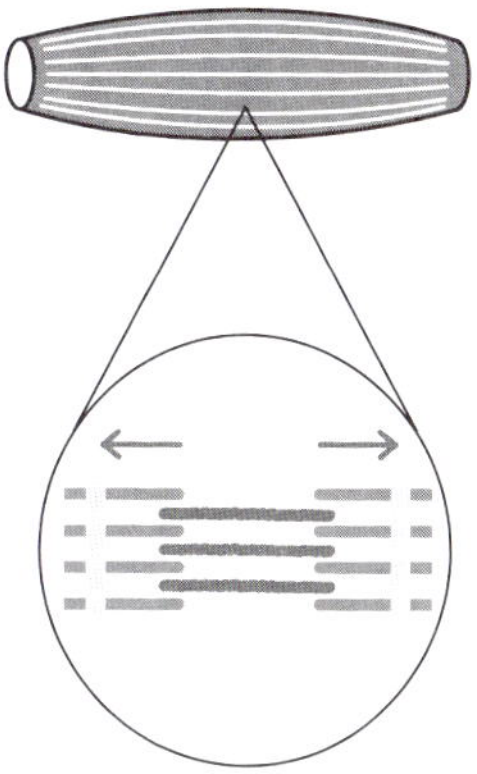

筋肉の中にある筋繊維が伸びる

筋肉が縮んだ状態

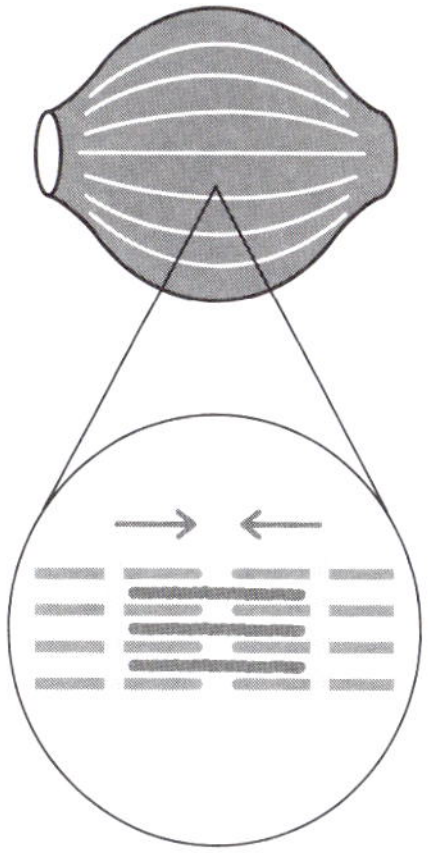

筋肉の中にある筋繊維が縮む

「ストロー呼吸」とは呼吸筋を鍛えるトレーニング法

「ストロー呼吸」とは、ストロー一本を使って「吐く↓吸う」だけの、簡単なトレーニング法です。これによって、**呼吸筋が鍛えられてフルに使えるようになり、お腹がみるみる凹む効果が期待できる**ため、最近注目を集めているダイエット法です。

呼吸筋によって呼吸は調整されていますが、その中のひとつに横隔膜《おうかくまく》があります。胸部（肺など）と、腹部（胃や腸など）を隔てているドーム状の筋肉で、息を吐くと上がり、息を吸うと下がります。

横隔膜がきちんと上下運動しないと呼吸が浅くなり、肥満やポッコリお腹に悩むことになります。次ページから、横隔膜とほかの呼吸筋がどのように働き、ポッコリお腹が改善するのか解説していきましょう。

横隔膜は、胸部と腹部を隔てるドーム状の筋肉

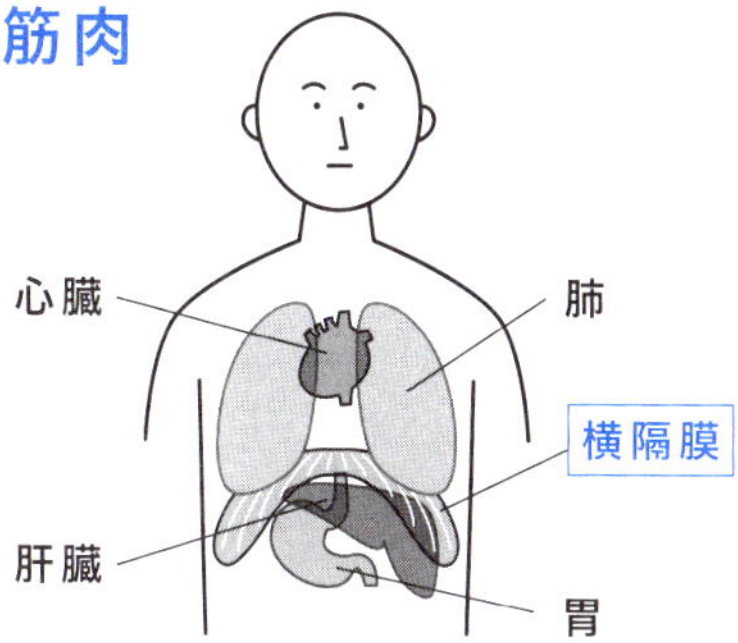
心臓
肺
横隔膜
肝臓
胃

呼吸を可能にしているのは、横隔膜の収縮・弛緩

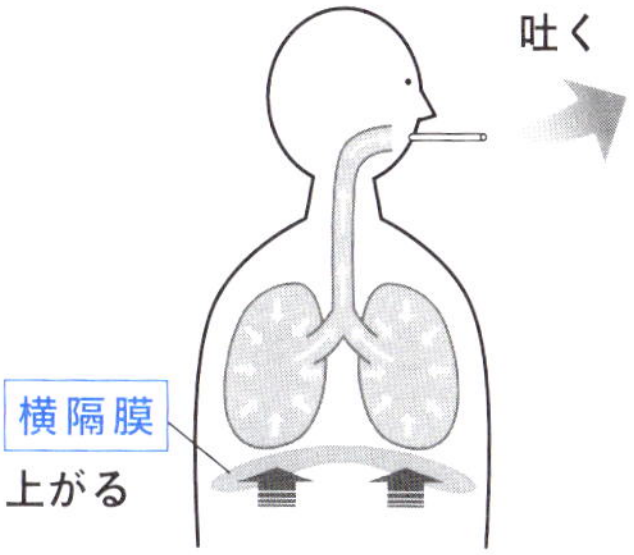
吐く
横隔膜
上がる

息を吐く
↓
横隔膜が上がる

ストローをくわえて、息を吐く。お腹に力を入れて吐くと、横隔膜が押し上げられて肺が縮まり、息がしっかり吐き出せるようになる。

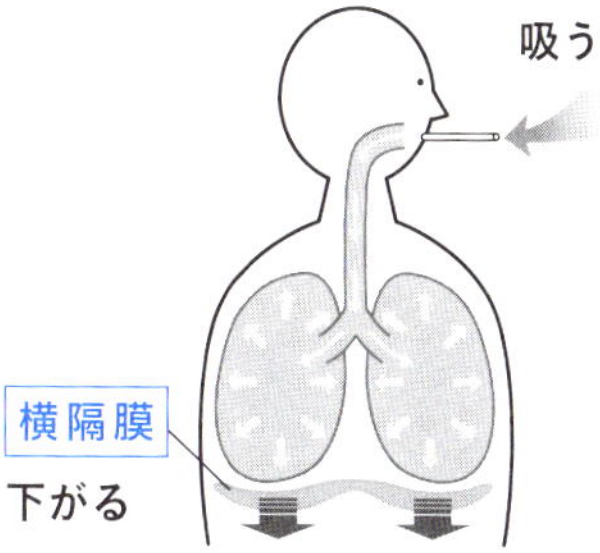
吸う
横隔膜
下がる

息を吸う
↓
横隔膜が下がる

ストローをくわえて、息を吸う。横隔膜が縮んで下がると、肺が広がり、深く息が吸えるようになる。

呼吸は一日に約２万回！効率的なエネルギー消費をめざす

呼吸筋（呼吸に関わる筋肉）について、もう少し説明しましょう。左ページのイラストを見てみてください。**呼吸をするだけで、実に多くの筋肉が使われている**ことがわかります。

「ストロー呼吸」を行う際に横隔膜以外にも、お腹の腹横筋《ふくおうきん》や内腹斜筋《ないふくしゃきん》をはじめ、背中の広背筋《こうはいきん》や脊柱起立筋《せきちゅうきりつきん》。喉《のど》にある斜角筋《しゃかくきん》、胸鎖乳突筋《きょうさにゅうとつきん》も呼吸には欠かせません。また、内肋間筋《ないろっかんきん》と外肋間筋《がいろっかんきん》は、胸郭を広げたり狭めたりする役割をします。

通常、呼吸は無意識のうちに、一日に約２万回もしています。「ストロー呼吸」で呼吸筋がスムーズに動くようになれば、リンパ液の流れがよくなって代謝が上がり、エネルギー消費にもつながります。

呼吸筋といわれる筋肉

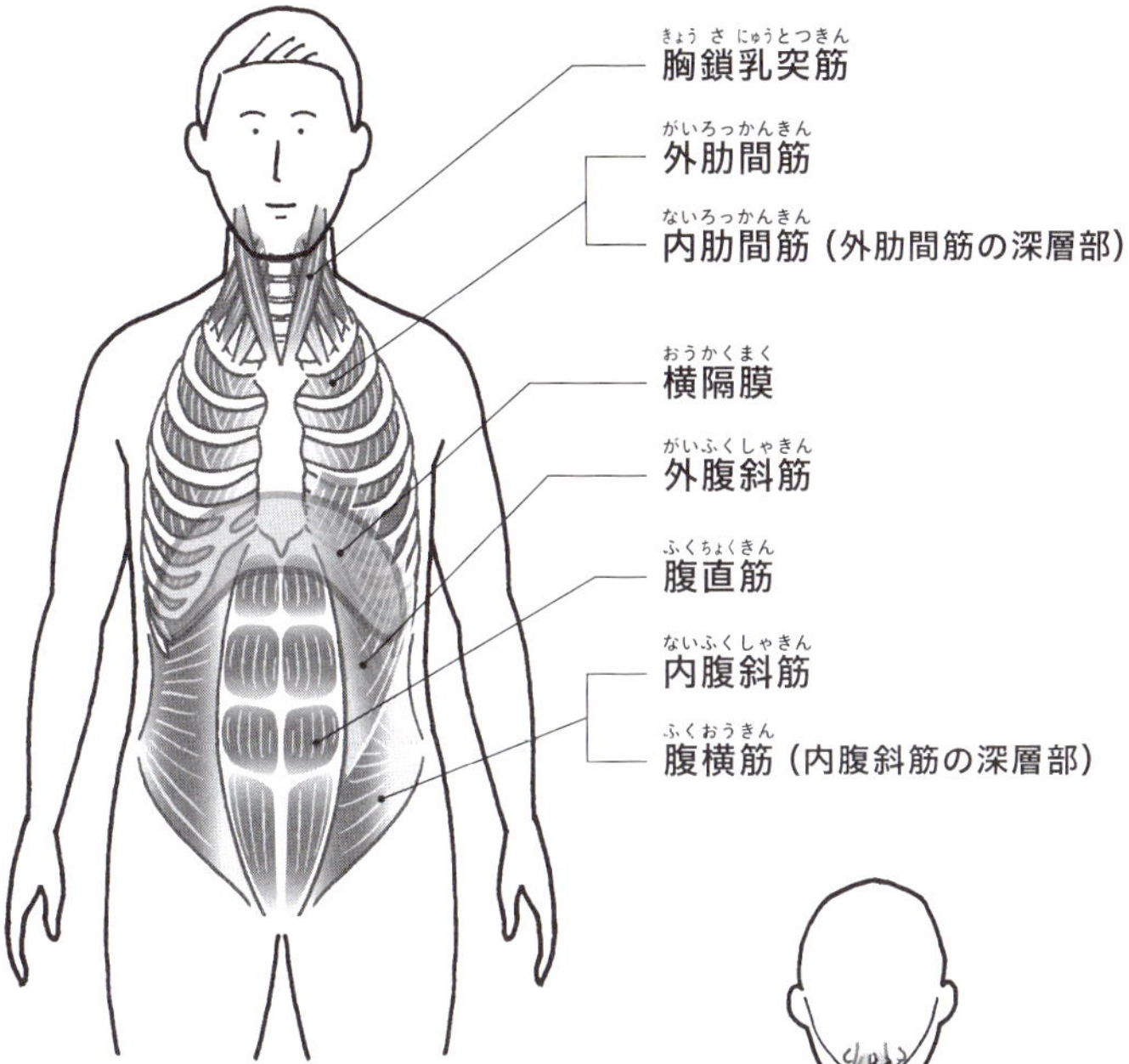

胸鎖乳突筋《きょうさにゅうとつきん》
外肋間筋《がいろっかんきん》
内肋間筋《ないろっかんきん》（外肋間筋の深層部）
横隔膜《おうかくまく》
外腹斜筋《がいふくしゃきん》
腹直筋《ふくちょくきん》
内腹斜筋《ないふくしゃきん》
腹横筋《ふくおうきん》（内腹斜筋の深層部）

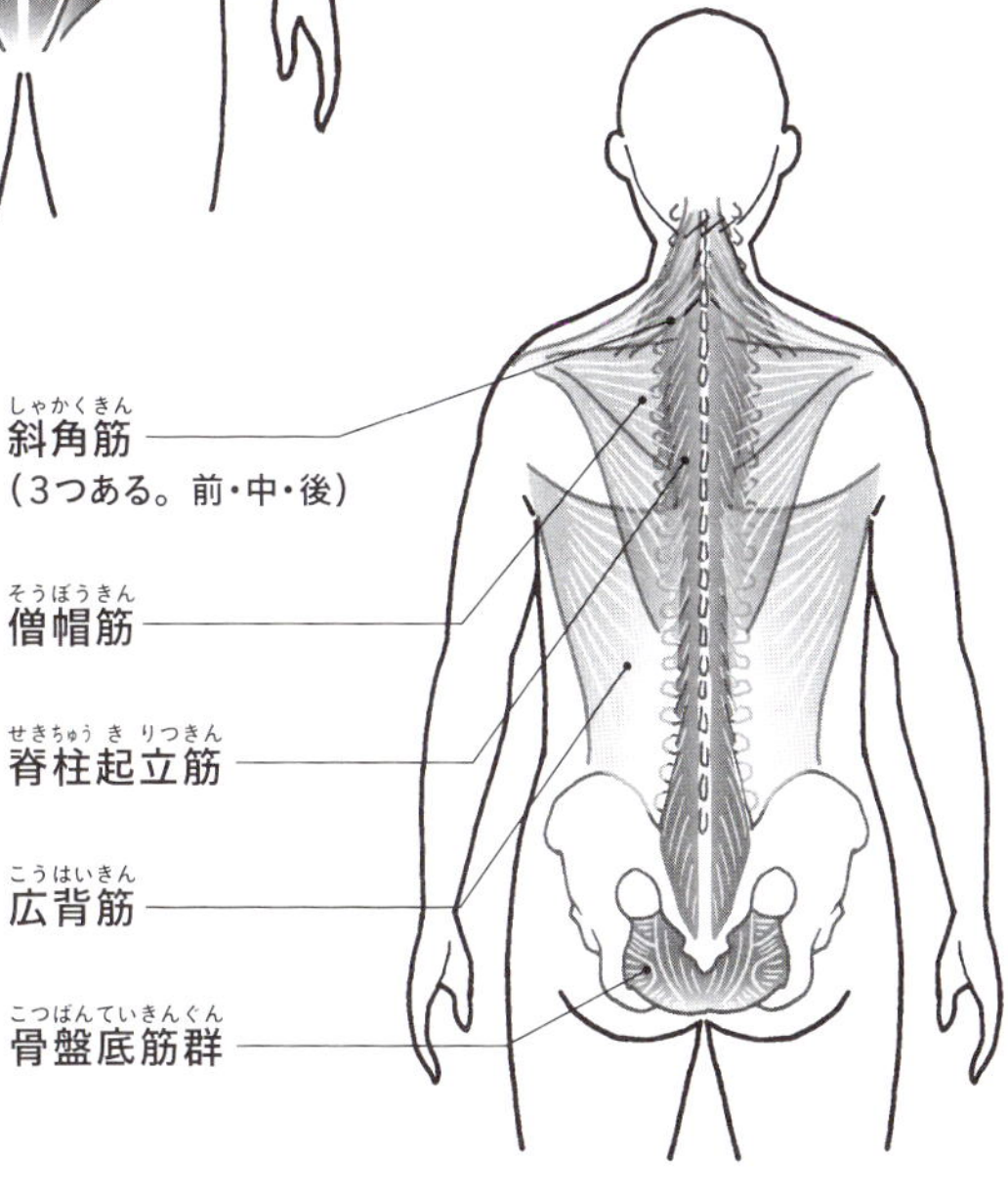

斜角筋《しゃかくきん》
（3つある。前・中・後）
僧帽筋《そうぼうきん》
脊柱起立筋《せきちゅうきりつきん》
広背筋《こうはいきん》
骨盤底筋群《こつばんていきんぐん》

「ストロー呼吸」が体全体を理想的なサイクルへと導く

呼吸筋（呼吸に関わる筋肉）は数多くあり、お互いに連携して機能していますが、**一部の筋肉の動きが悪くなると、いろいろな不都合が生じます。**

たとえば、背中が丸くなりがちな人は背骨が曲がり、背筋が疲労して伸びた状態が続くと、そのまま固まってしまいます。同時に、呼吸に使われる筋肉である、腹横筋《ふくおうきん》や腹斜筋《ふくしゃきん》が縮んだまま固まって動きが鈍くなり、呼吸そのものが浅くなってきます。

呼吸筋は姿勢筋とも呼ばれ、姿勢維持も担っています。姿勢が悪いと、呼吸に使われる筋肉の機能が弱くなり、筋肉が弱くなると、さらに姿勢も悪くなるという、負のスパイラルに……。この悪い連鎖を断ち切り、理想的なサイクルへ導いてくれるのが、呼吸筋を大きく動かす「ストロー呼吸」です。

「ストロー呼吸」とは？

「ストロー呼吸」とは、息を吐いたり吸ったりしたときに、呼吸筋を十分に機能させるためのトレーニング法。

普通に呼吸をするときより、ストローをくわえたほうが負荷がかかり、空気量がより多く肺の中から流出流入できる。

「ストロー呼吸」の効果

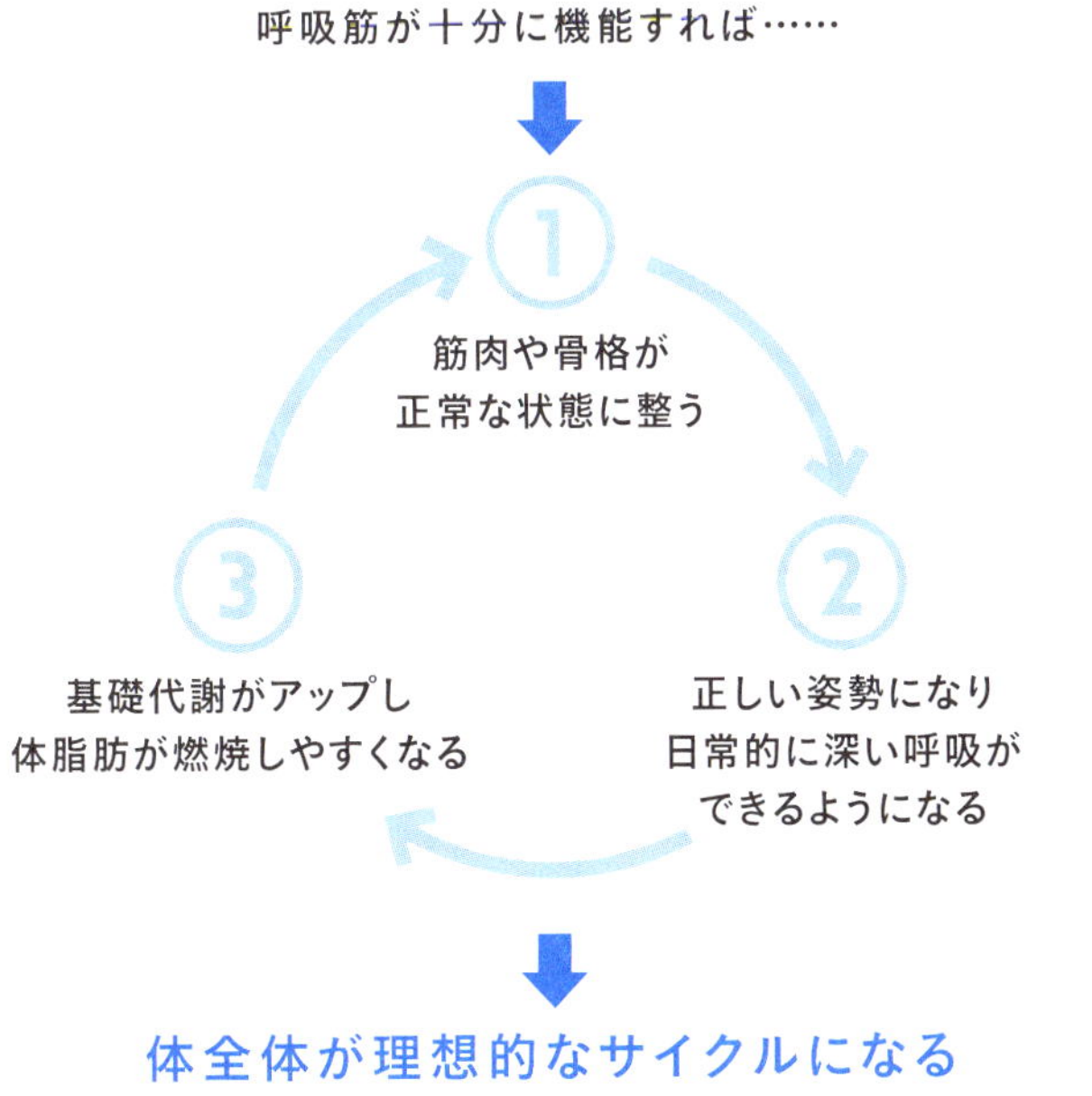
呼吸筋が十分に機能すれば……
1
筋肉や骨格が
正常な状態に整う
2
正しい姿勢になり
日常的に深い呼吸が
できるようになる
3
基礎代謝がアップし
体脂肪が燃焼しやすくなる
体全体が理想的なサイクルになる

胸とお腹の筋肉にアプローチし横隔膜を正しい位置に

わたしたち現代人は、**猫背など姿勢が悪い人が多く、横隔膜が70パーセントくらいしか活用できていないと考えられています。**

たとえば、まっすぐに立ったとき、姿勢がよければ横隔膜はほぼ水平の位置になりますが、姿勢が悪いと肋骨の位置がずれて横隔膜も斜めに傾き、横隔膜の左右の高さが異なってきます。そうなると、肺を大きくふくらませることができず、横隔膜の**本来の働きより30パーセント近くもその機能が低下する**といわれています。

まずは、姿勢をよくして、横隔膜を正しい位置に戻すことが、何よりも重要です。

そのために、胸やお腹、腰の筋肉を柔軟にし、横隔膜の本来の機能をしっかりと取り戻す必要があります。

お腹のふくらみを意識した「腹式呼吸《ふくしきこきゅう》」は、最近では多くの人に知られています。もうひとつ、胸の動きを意識した呼吸が「胸式呼吸《きょうしきこきゅう》」というものです。お腹と胸に分けてよく紹介されますが、実際に呼吸するときには、お腹も胸も同時に動きます。お腹だけとか、胸だけといった使い方は理想形とはいえません。

私たちの体のしくみは、呼吸をすると横隔膜が上下し、腹部と胸郭が一緒に動きます。つまり、**横隔膜・お腹・胸は連動しています。**息を吸うと横隔膜が下がり、胸とお腹が広がる。息を吐くと横隔膜が上がり、胸と腹部は絞られます。横隔膜を含む呼吸筋がきちんと機能していれば、胸やお腹が日常的に動き続けるということです。正しい呼吸法とは**腹式だけでもなく、胸式だけでもなく、すべての呼吸筋を使って行う両方を兼ね備えた呼吸法**です。

「ストロー呼吸」は、ストローを使うことによって、呼吸に負荷をかけることができます。それによって呼吸筋をトレーニングすることができ、より大きく動かせるようになり、深い呼吸ができるようになるのです。

姿勢をよくするだけで呼吸も正しくなり、太りにくくなる

「呼吸筋（呼吸に関わる筋肉）」のほとんどは、よい姿勢を保つことに必要な「姿勢筋」でもあります。「正しい呼吸をすると、姿勢がよくなる」。この逆もまた成り立ちます。つまり、**よい姿勢を常に意識することで、呼吸も正しくできるようになる**ということです。「鶏が先か、卵が先か」のような話ですが、呼吸だけに意識を向けるのではなく、よい姿勢を維持することも非常に重要だということです。

「姿勢を正す→呼吸筋（横隔膜、腹横筋、腹斜筋など）を使った深い呼吸ができるようになる→お腹の筋肉が活発に動く→お腹のリンパ液の流れがスムーズになる→代謝がアップする→太りにくくなる」という、**ベストな循環をつくる**ことができます。この流れが、「ストロー呼吸」で太りにくくなる理由です。

姿勢が悪く、
右肩が上がっている

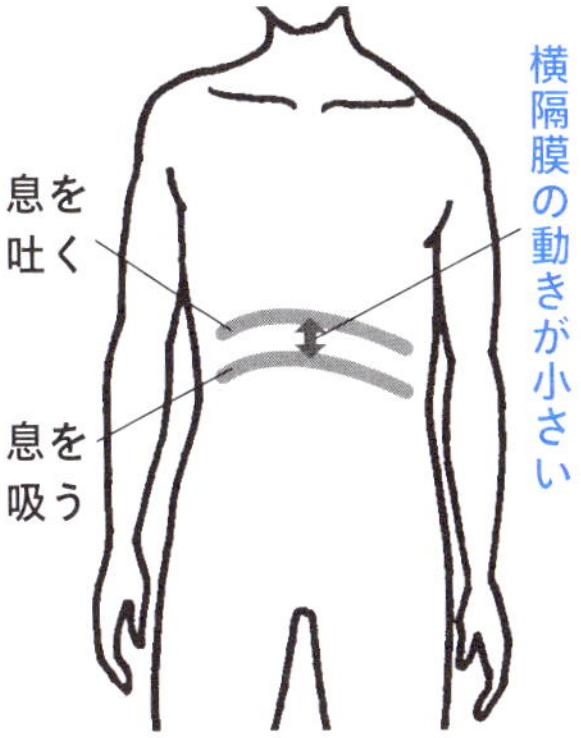
息を
吐く
息を
吸う
横隔膜の動きが小さい

姿勢がよく、
肩の高さが左右均等

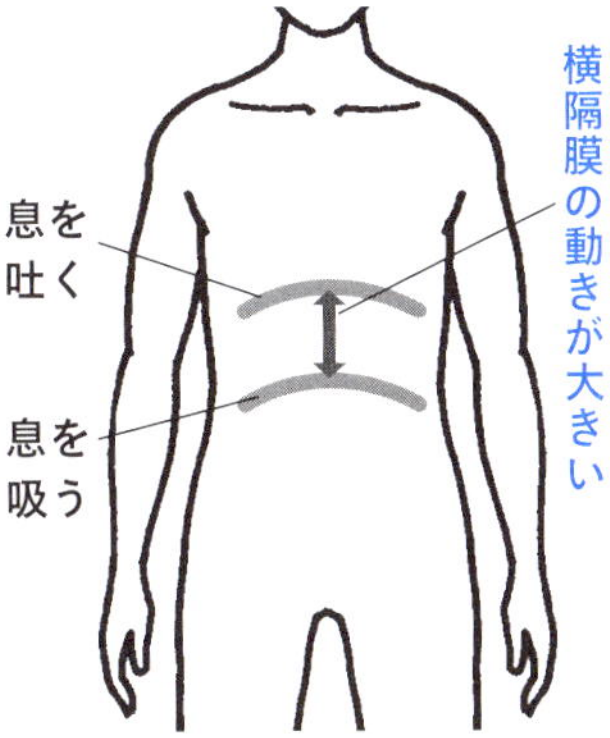
息を
吐く
息を
吸う
横隔膜の動きが大きい

姿勢をよくすると、太りにくくなるメカニズム

姿勢を正す

↓

呼吸筋（横隔膜、腹横筋、腹斜筋など）を使った
深い呼吸ができるようになる

↓

お腹の筋肉が活発に動く

↓

お腹のリンパ液の流れがスムーズになる

↓

代謝がアップする

↓

太りにくくなる

特に意識することなく正しい姿勢で自然に「立つ」

人にとって、もっとも自然なのが「立っている」姿勢で、いわば基本の姿勢となります。このとき、**頭の中で特に意識しなくても、正しい立ち方になっているかが大切**です。どこに力を入れるとか、どこか体の位置を動かしてみるとか、いろいろと考えるようではよくありません。

自然に立っているときには、耳の穴から肩先、大転子《だいてんし》、くるぶしの前あたりが、およそ一直線になります。最近はデスクワークなどで、頭が前に出てしまう人が多く、頭の重みを支えるために首から背中が曲がり、腹部の筋肉は縮んだまま固まってしまう姿をよく見かけます。これでは理想の体型に近づくどころか、腰痛などの不調をきたしかねません。

自分が正しい位置で立っているか、その目安となるのは足元の重心の位置です。スニーカーなどを履いているときに、靴ひもの付近に体重（もしくは「重心」）があれば、正しい姿勢といえます。

✕ 悪い立ち方

スマートフォンの使い過ぎなどで、頭が前に出がち。背骨の曲がりもひどくなり、体の不調にもつながりかねない。

○ よい立ち方

よい姿勢は、耳の穴から肩先、大転子、くるぶしの前のあたりまでが一直線になり、背骨が美しい「S字ライン」をつくっている。

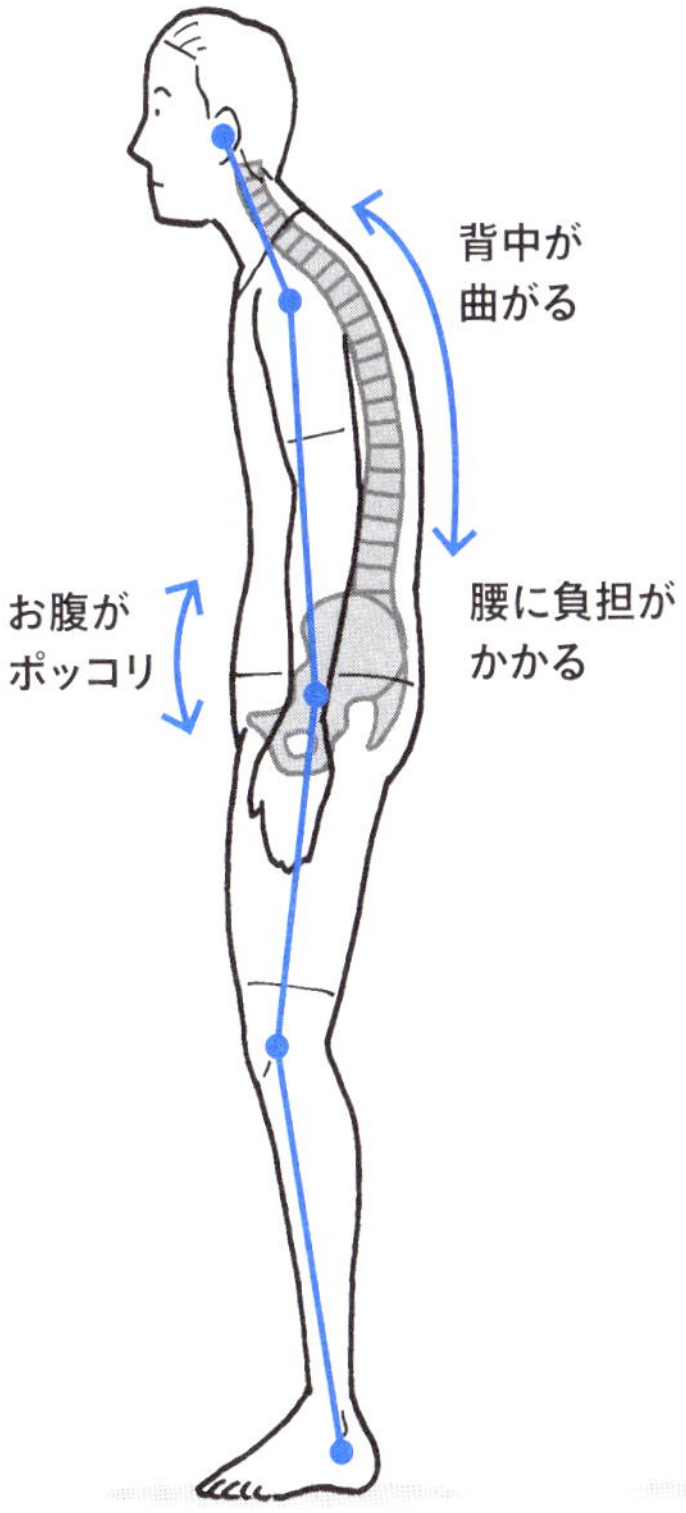

背中が曲がる
腰に負担がかかる
お腹がポッコリ

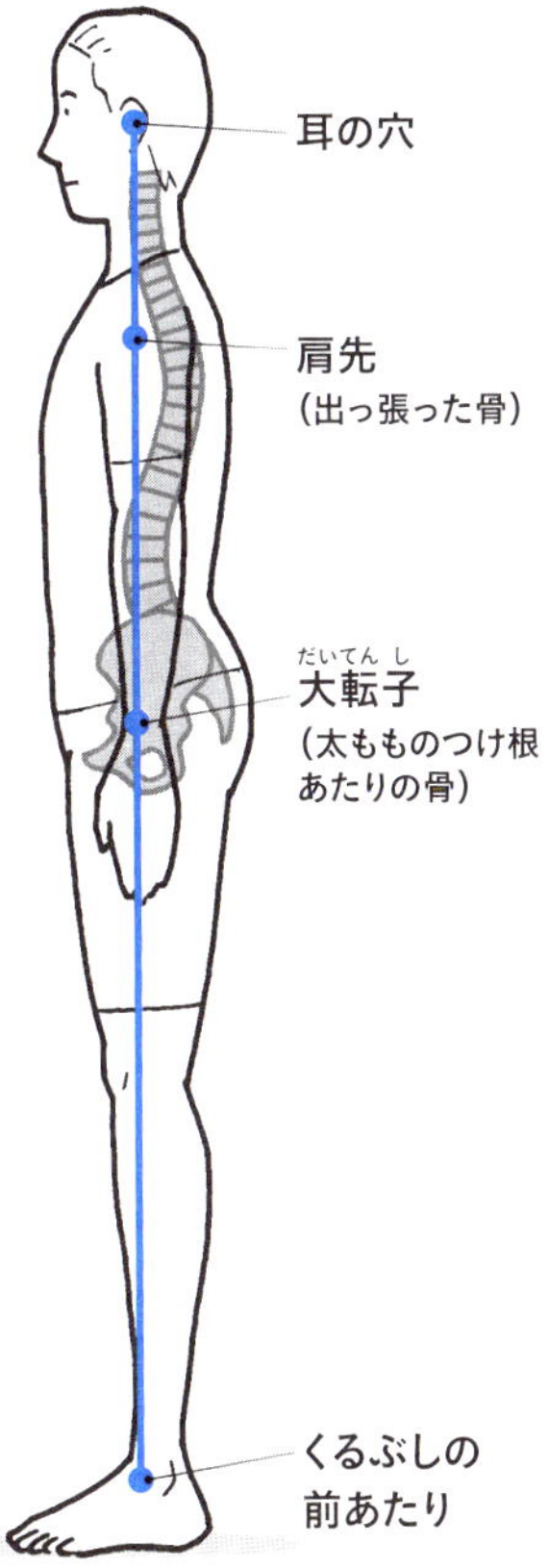

耳の穴
肩先
(出っ張った骨)
大転子《だいてんし》
(太もものつけ根あたりの骨)
くるぶしの前あたり

骨盤の角度を意識し
後ろに傾け過ぎずに「座る」

特にデスクワークの人は、一日のうちで座っている時間がとても長くなります。このときの姿勢が悪いと、首こり、肩こり、腰痛につながります。**骨盤を後ろに傾け過ぎると、背中が丸くなり、頭が前に出てしまって、首・肩・腰などに負担がかかってしまいます。**さらに、**お腹のまわりの筋肉に適度な力が入らず、ポッコリお腹にもつながります。**

座るときに重要になるのは、骨盤の角度です。骨盤を起こして座ると、背骨が適度なS字カーブになり、背筋も自然と伸びて、正しい姿勢が保てます。

背骨を伸ばすために、背中に力を入れて姿勢を正そうとしても長続きしません。骨盤の角度に意識を集中させましょう。正しい姿勢を保つために直径20センチ程のジムボールをデスクとお腹の間に挟んでおくのも効果的です。

○よい座り方

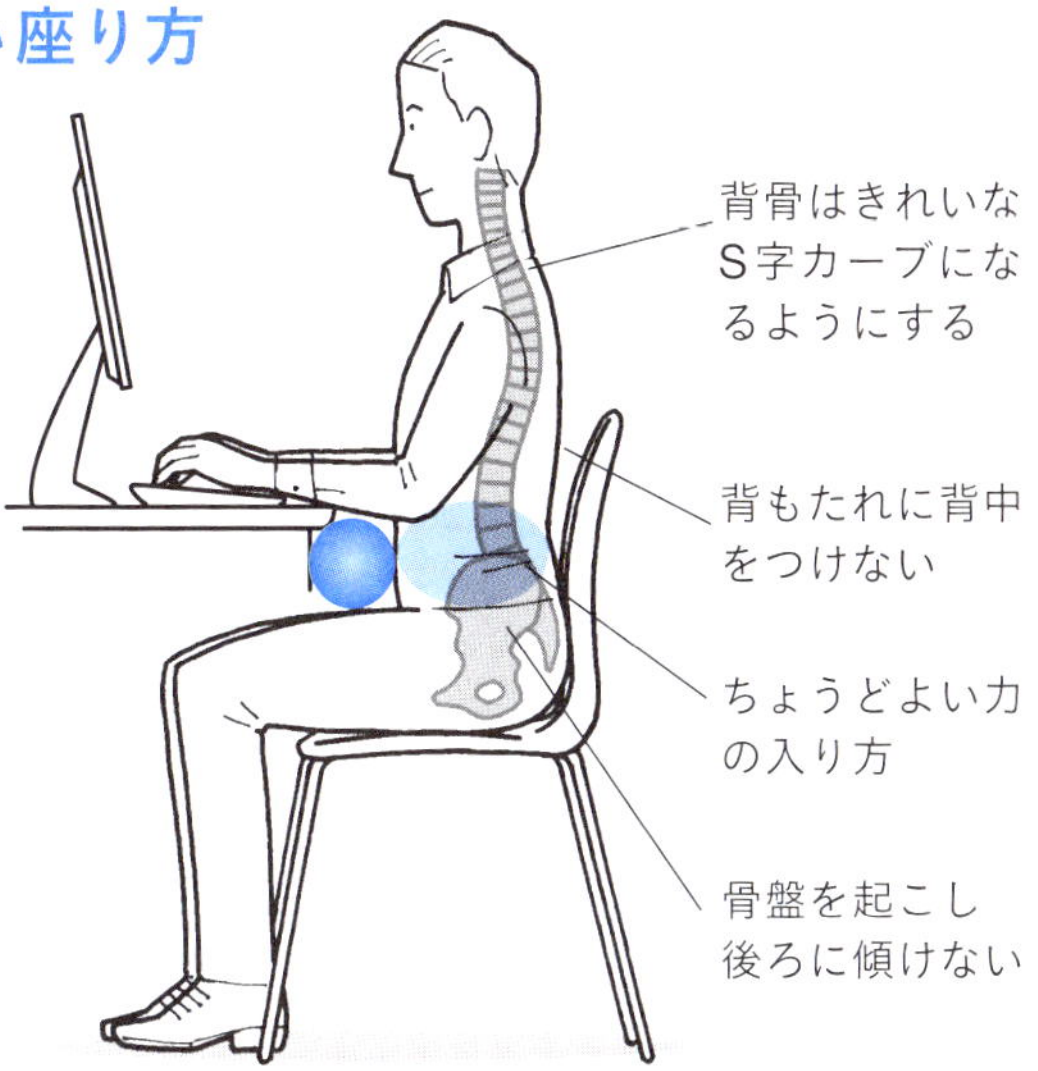

背骨はきれいなS字カーブになるようにする
背もたれに背中をつけない
ちょうどよい力の入り方
骨盤を起こし後ろに傾けない

×悪い座り方

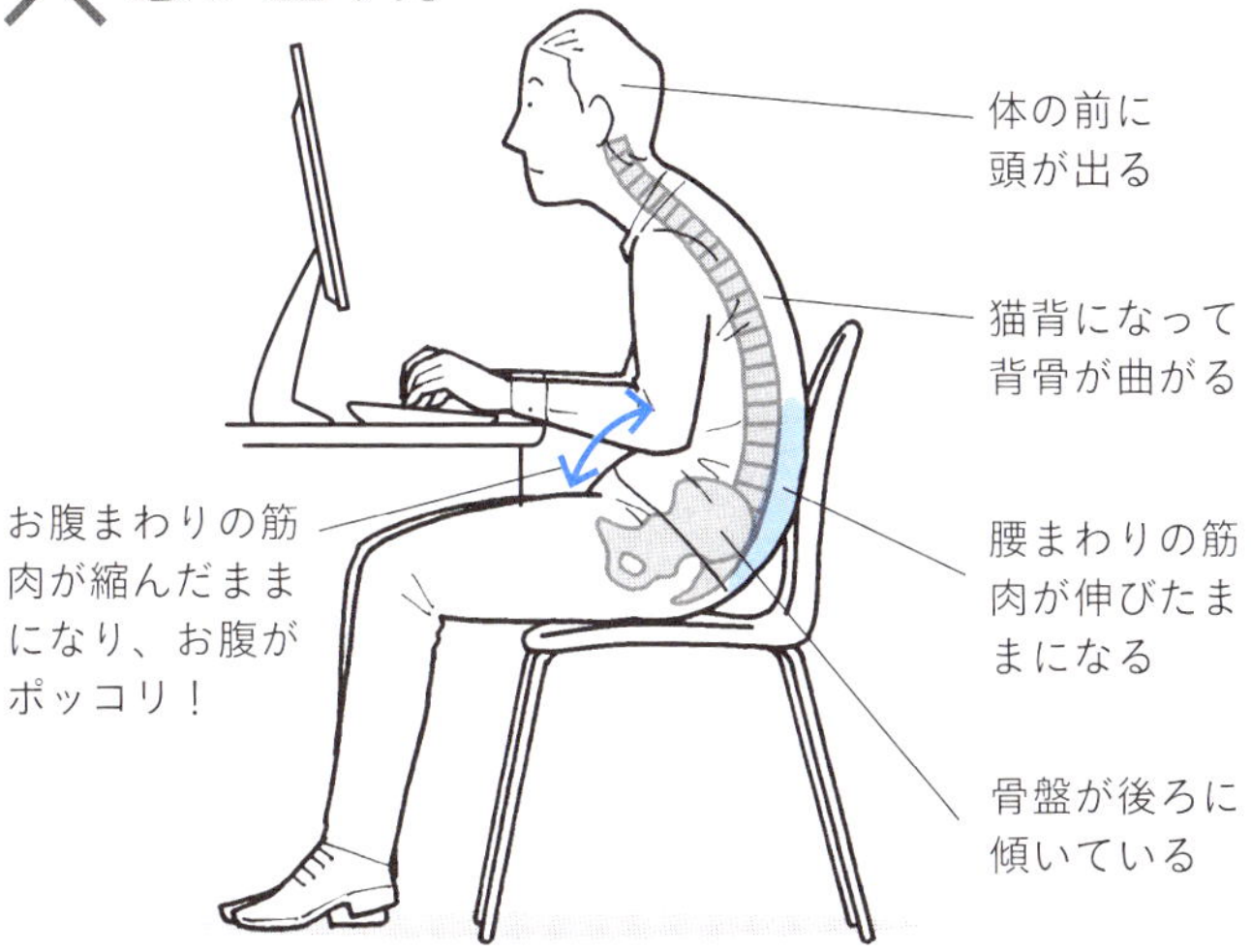

体の前に頭が出る
猫背になって背骨が曲がる
お腹まわりの筋肉が縮んだままになり、お腹がポッコリ！
腰まわりの筋肉が伸びたままになる
骨盤が後ろに傾いている

「コルセット効果」でポッコリお腹が改善する！

「体重は減っても、お腹まわりのぽっちゃり感が変わらない」「いくらキツイ運動をしても、一向に体がスリムにならない」。こうした悩みをもつ人は、ぜひ「ストロー呼吸」にトライしてみてください。

「ストロー呼吸」をすれば、特に腹横筋《ふくおうきん》や腹斜筋《ふくしゃきん》という**お腹の筋肉が本来の動きを取り戻し、ウエストが引き締まる効果**があります。

お腹の筋肉がやわらかくなることで、筋肉の動きが活発化し、血液やリンパ液の流れがよくなり、お腹まわりの代謝がアップするからです。これは俗に「コルセット効果」と呼ばれています。女性向けの体型補正用下着「コルセット」にも似た働きで、お腹や背中をキュッと引き締めてくれるのです。

ポッコリお腹で悩んでいる人には、今までに腹筋などのトレーニングを必死で行ってきて、心身ともに疲れ果て、「自分は、何をやってもどうせ無理だ！」と諦めている人も少なからずいるでしょう。

その人たちには、意外なところに盲点がありました。それはここまで説明をしてきた**「呼吸と姿勢」に関する意識**の欠落です。

実際に、呼吸と姿勢を整えることによって動くのは体の深部の筋肉です。それらの筋肉の動きを目で見ることは不可能ですが、**目に見えない深部の筋肉、そしてたくさんの呼吸筋が体型づくりに大きな役割を果たす**のです。そして、ポッコリお腹への効果は、目に見えて実感できます。これが「ストロー呼吸」の真骨頂です。

コルセット効果で「ポッコリお腹が改善されて、鏡の前に立つのが楽しみになった」。毎日少しずつ「ストロー呼吸」を続ければ、そんな日が、すぐにやってくるはずです。

めざせ！ ポッコリお腹の改善！
「ストロー呼吸」の最強プログラム

一生懸命に腹筋をしているのに
なぜかお腹が凹まない…

↓

筋肉をゆらして、柔軟にする
コンディショニングの効果

- 筋肉の機能を回復する
- 体の奥の小さな筋肉にアプローチし、左右差・前後の傾きを短時間で修正できる
- 骨格の歪みを正す

↓

体のベースが出来上がる

＋

ストローを使って、横隔膜を鍛える
「ストロー呼吸」の効果

- 横隔膜が柔軟になり、大きく動く
- 胸郭が柔軟に動く
- 腹横筋など、腹部の筋肉が鍛えられる

↓

呼吸筋が100％機能するようになる

↓

わずか3週間で
ポッコリお腹が改善した！

1日5分、3週間で
ポッコリお腹が改善する！
最強プログラム

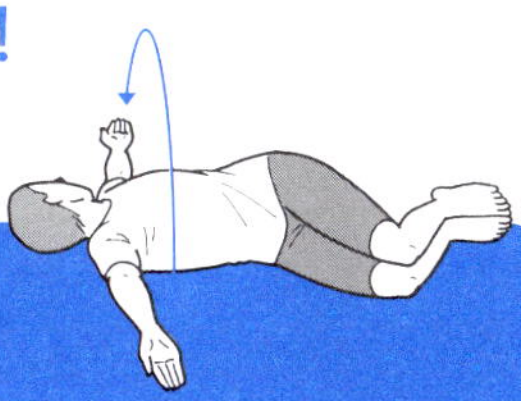

コンディショニング
→1分40秒

1 肩の筋肉を緩める		10回（10秒）
2 腰まわりの筋肉を緩める		10回（10秒）
3 胸郭の筋肉を緩める	左右ワンセット	10回（30秒）
4 胸郭を柔軟にする	左右ワンセット	10回（30秒）
5 腹横筋を使えるようにする		10回（20秒）

＋

「ストロー呼吸」
→3分20秒

ストローで息を「吐く→吸う」	10秒×10回	100秒
ストローで息を「長く吐く→長く吸う」	20秒×5回	100秒

トレーニング時間の合計　**5分（300秒）**

※詳しい方法はPART3、PART4で紹介します。

COLUMN 2

間違いだらけのポッコリお腹対策

×運動を20分以上続けることでやせると思っている

運動をしている人の間で、よく信じられているのが「運動を20分以上続けないと、やせない」という説です。

確かに20分以上続けると、糖質量の減少と共に脂質を消費する割合は高くなりますが、運動をはじめたときでも、脂質を使っていない訳ではありません。

また、脂質は座ったり歩いたりといった軽い運動や、呼吸や心臓などの内臓を動かす平常時にも利用されています。

「やせる」「やせない」は、体全体のエネルギー消費量の問題です。**食事で摂るエネルギー量に比べて、運動による消費エネルギー量が少ないとやせることはできません。逆に運動による消費エネルギー量が多いと、やせる効果が高まります。**これがすべての大原則です。

たとえば、一度に20分間のランニングをして、200キロカロリーを消費したとします。一方、10分間で100キロカロリーを消費するランニングを2回したとします。

これらのケースを比較すると、両方とも同じ200キロカロリーを消費したことになるので、やせる効果に変わりはない計算になります。

PART
3

「ストロー呼吸」の前に、コンディショニング

「呼吸筋」を理想的な状態に整えるコンディショニング。固まってしまった筋肉を「ゆらす」ことで、筋肉の機能をアップし、体の歪みも改善。「ストロー呼吸」の前に、体のベースづくりをします。

「コンディショニング」でまずはウォーミングアップ！

「ストロー呼吸」に取り組む前に、まずは体のベースづくりからはじめましょう。体が歪んでいたり、呼吸筋が固くなっていたりすると、せっかく「ストロー呼吸」を行っても十分な効果が得られません。

たとえば、体が左右どちらかに傾いていた場合、呼吸筋（特に横隔膜）の動きが小さくなり、肺の中に十分な空気を取り入れられず、呼吸が浅くなってしまいます。また、特にポッコリお腹改善のために重要な、お腹まわりの呼吸筋（腹横筋、腹斜筋）が固くなっていると、代謝アップは望めません。

これらの**呼吸筋を、理想的な状態に整えるのが「コンディショニング」**です。トップアスリートにも、ウォームアップで必ず取り入れてもらっていますが、一般の人でも簡単に行うことができます。

コンディショニングの第1目的は、固まっている筋肉を、ゆらしてほぐすことです。筋肉は、使い過ぎても使わな過ぎても、働きが悪くなります。そして、関節も動きが鈍くなったり、固まりがちな傾向にあります。体を酷使するトップアスリートに限らず、一般人の日常生活でも、体にはかなりの負担がかかっている場合が多いものです。それを一旦リセットします。

さらに、**固まった筋肉をほぐすことで体の歪みが改善**します。たとえば、腰から上が前傾していた場合、お腹まわりの筋肉は縮んだままになり、逆に腰まわりの筋肉は伸びたままになります。コンディショニングは、マッサージやストレッチとは異なり、縮んだ筋肉だけでなく、伸びた筋肉にも同時にアプローチします。こうして歪んだ体をリセットすれば、呼吸筋が十分に機能して深い呼吸ができるようになります。

一般向けにアレンジしたコンディショニングなら、**1日1回でOK!** すぐに効果が実感できます。**「ストロー呼吸」をする前に、必ず「コンディショニング」を行えば、2倍、3倍の効果が期待できる**でしょう。

筋肉の機能を回復するには筋肉を「ゆらす」ことが有効

筋肉の機能回復に「ゆらす」ことが有効なのは、次のようなメカニズムです。力を抜いた状態で筋肉をゆらすと、筋肉の中で摩擦が生じます。さらに、筋肉の中には血管が通っており、摩擦によって血管の温度が上昇し、血管が広がることで血液の流れがよくなり、老廃物もスムーズに流れはじめます。こうして、固まった筋肉が刺激され、しなやかな筋肉へと戻すことができるのです。

超音波検査で筋肉の状態を見ながら、血液の流れを研究した報告があり、科学的な見地からも実証されています。筋肉を「ゆらす」ことで、肩こりや腰痛が解消する理由も、ここにあります。

また、コンディショニングによって、固まっていた筋肉がやわらかくなると、自然と悪い姿勢も改善されます。そして、姿勢が整うことで、さらに正しい呼吸に導かれるという、まさに、**「筋肉＋姿勢＋呼吸」の連携プレーの輪が完成**するのです。

筋肉を「ゆらす」効果は？

くっついて固まっていたり、
伸びた状態で固まっていた
筋繊維に摩擦が生じる

↓

固まっていた
筋肉がほぐれ、
正常な状態に整う

↓

血液の流れがよくなり、
リンパの流れが促進されて
老廃物が排出され、
代謝がよくなる

↓

筋肉がやわらかくなり、
体の歪みがリセットされ、
姿勢がよくなる

↓

「ストロー呼吸」の効果を
アップさせるための、
体のベースをつくることができる

筋肉を「ゆらす」ことで体の奥にある小さな筋肉にもアプローチ

ストレッチなどの動作では、特定の筋肉にしかアプローチすることができません。たとえば、脚の裏側のストレッチをした場合、脚の裏側のピンポイントにしか効き目がありません。ところが、コンディショニングで脚を「ゆらす」と、脚の表側にも効き目があります。なぜなら、コンディショニングは、ゆらしている複数の筋肉が同時に動くからです。**あるひとつの筋肉にターゲットを絞らなくても、複数の筋肉が同時に動き、体の奥にある小さな筋肉にまで効果を届けることができる**ということです。

たとえば、前屈をする場合、腰、股関節、背中の筋肉が伸ばされます。しかし、コンディショニングを行えば、背骨のまわりの小さい筋肉まで、腰まわり全体にアプローチできるのです。これが、ストレッチと、筋肉を「ゆらす」コンディショニングとの大きな違いです。

一般的にポッコリお腹に悩む人は、腹筋運動に励んでいる場合が多いようです。しかし、普通に腹筋運動をするだけでは、ポッコリお腹を改善するために重要な腹横筋までアプローチできません。しかし、コンディショニングなら、体の奥にある腹横筋を機能しやすくする効果があります。

だからこそ**「コンディショニング＋ストロー呼吸」で、体の深部で眠っている呼吸筋を効果的に機能させることが重要**なのです。

筋肉は体の表面から奥まで、私たちの体に張りめぐらされて、お互いに連携し合っています。どんな小さな筋肉も見逃すことなく、その機能をベストな状態に整えるのがコンディショニングだといえるでしょう。

コンディショニングでお腹まわりのリンパ液の流れがよくなる

血管とリンパは、同じように体に張りめぐらされていますが、少ししくみが異なります。血管は心臓がポンプの働きをして、全身に血液を送りますが、リンパは筋肉の働きでリンパ節を圧迫して流れをつくります。つまり、**筋肉が動かないと、リンパ液はスムーズに流れない**ということです。「筋肉を機能させる＝コンディショニング」と、リンパとは密接な関係があるといえるでしょう。

お腹の周辺にも、リンパ液が流れています。**お腹まわりの筋肉をコンディショニングすると、リンパ液の流れがよくなって代謝も上がり、エネルギー消費にも役立ちます。**これに、「ストロー呼吸」をプラスすれば、呼吸筋も正常に働き、さらにポッコリお腹改善の効果がアップしていきます。

全身の半数以上のリンパ節がお腹まわりに集中！

コンディショニングによって、お腹まわりの筋肉が動くようになると、リンパ液の流れもスムーズになります。特にお腹まわりには、全身の半数以上のリンパ節が集中しているので、リンパ液の流れがよくなると、代謝も上がり、老廃物の排出が促されます。

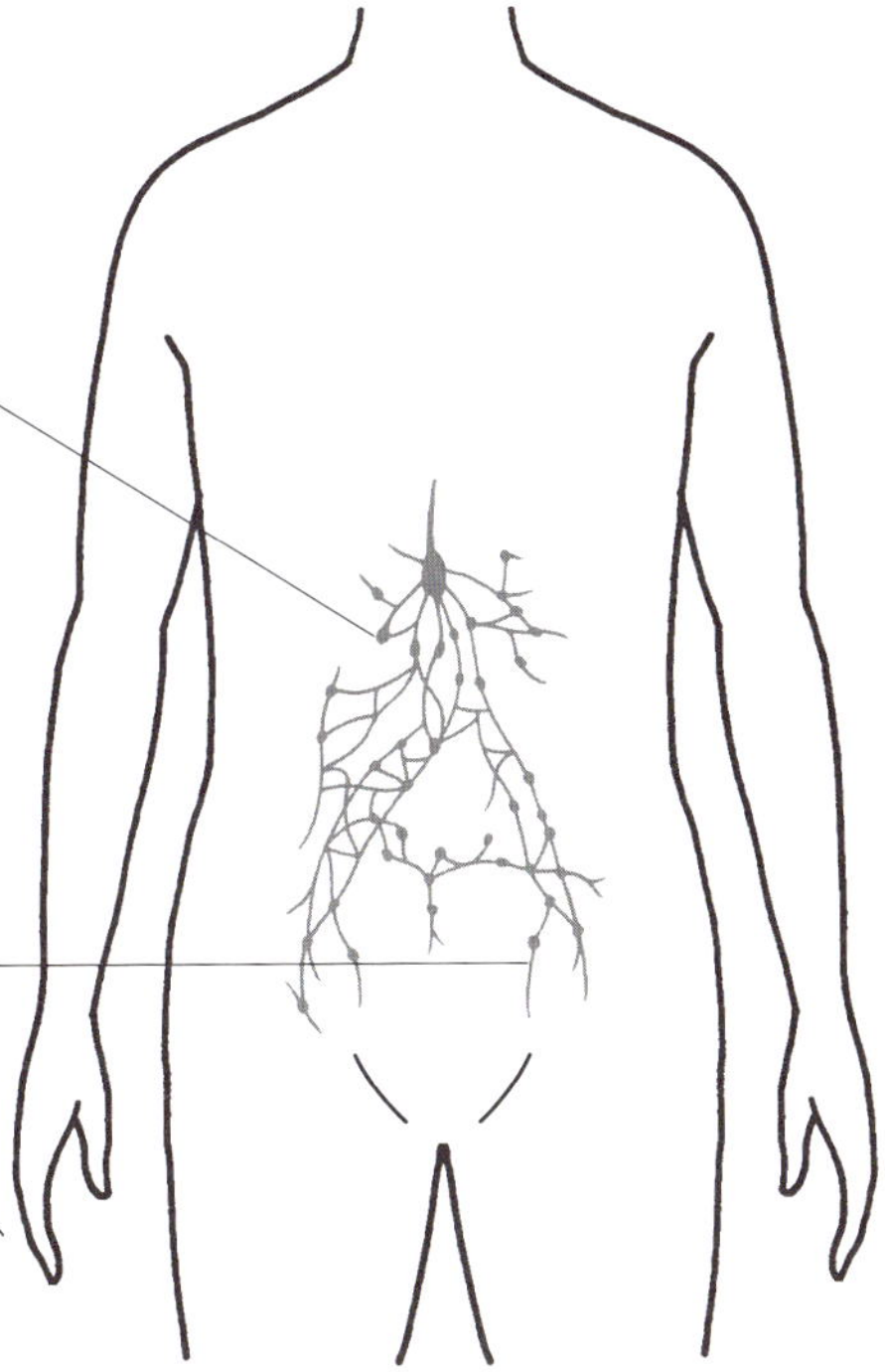

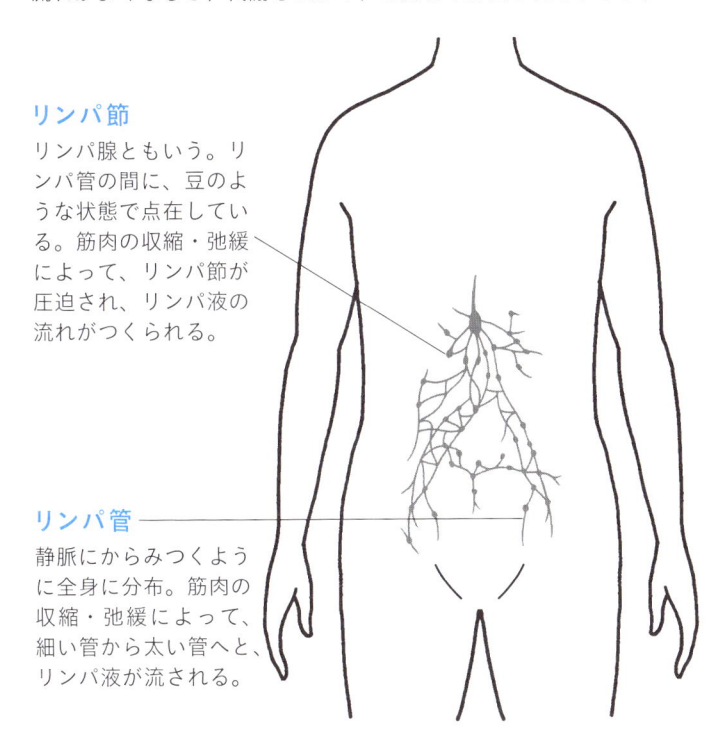

リンパ節

リンパ腺ともいう。リンパ管の間に、豆のような状態で点在している。筋肉の収縮・弛緩によって、リンパ節が圧迫され、リンパ液の流れがつくられる。

リンパ管

静脈にからみつくように全身に分布。筋肉の収縮・弛緩によって、細い管から太い管へと、リンパ液が流される。

リンパ液

リンパ管の中を流れる、無色から淡黄色の透明な液体。血液より流れは遅い。

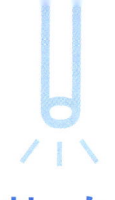

たった1分、筋肉をゆらせば効果はたちまち現れる

コンディショニングの、大きな特徴のひとつが即効性です。実際に行ってみると、すぐに効果が実感できるはずです。筋肉を数十秒から1分ほど「ゆらす」ことで、固まっていた部位がやわらかくほぐれ、体の奥から温かくなってきて、体の歪みが速効でリセットされます。

こうした**効果をきちんと確認したい人は、コンディショニングの前に写真を撮ってみることをおすすめ**します。

たとえば、骨格チェック（64～67ページ参照）をして、正面や横を向いた全身を写真に撮っておき、ひと通りのコンディショニングを終えた後、再び同じようにして全身を撮影してみます。

ビフォー&アフターの写真を見比べてみて、きっと多くの人が驚くことになるでしょう。最初の骨格チェックで歪んでいた部分が、かなり改善されているはずです。

横向きの写真では、頭の位置が後ろに下がって、より正常な位置になり、耳の穴から足首まで、だいぶ一直線に近づいていませんか。正面の写真では、両肩の位置の違いがかなり解消されていませんか。

筋肉をゆらすだけで、今まで片寄っていた体の左右や前後のバランスが、元の正常な位置に戻った状態になります。

ただし、これで安心してはいけません。片寄った筋肉に負担をかける姿勢や生活では、すぐに歪んだ体に逆戻りしてしまいます。大事なのは、日常生活の中でよりよい姿勢を意識すること。そして何よりコンディショニングを毎日継続することです。

コンディショニングの前に骨格をセルフチェック！

自分の全身（骨格）を上から下まで、鏡などでじっくりと見る機会は少ないものです。コンディショニングと「ストロー呼吸」を行う前に、ぜひ一度チェックしてみてください。鏡の前に立ったり、写真を撮ってもらって、コンディショニングの後に、矯正後の姿と見比べてみるのもいいでしょう。普段、大きな負担がかかっている筋肉や正常に機能していない筋肉があれば、体の歪んだ部分を発見できるはずです。では、まっすぐに立って、正面と横向きから自分の目でチェックをはじめましょう。

体の正面からのチェックでは、観察するのは3カ所です。

1　左右の肩の高さ＝ほぼ同じならＯＫですが、どちらかが高くなっていませんか。

2　左右の腰の高さ＝骨盤の出ているところの左右の高さを比べてみます。見た目にも、明らかな差がありませんか。

3 顔の向き＝きちんと正面を向いていますか。自分ではまっすぐなつもりでも、よく見ると斜めになっていませんか。ただし本来、人間の体は完全な左右対称ではありません。利き腕や利き脚があることで左右の差が生じる人を多く見かけますが、横向きからのチェックも含めて、極端なズレがなければ、あまり気にする必要はありません。

横向きからのチェックでは、4カ所を線で結んで確認します。耳の穴から肩の先、そして太もものつけ根、くるぶしのちょっと前。ここを結んでみた線が、**一直線になっていれば合格**です。なかでも、頭が前に出ているように感じる人が多いはずです。体の前方で行う動作が多いことから、どうしても体の前面の筋肉が固まり、前かがみの姿勢になってしまいます。

自分の体をチェックしたら、**特に悪い姿勢だと感じた部分をよく覚えておきましょう。**コンディショニングを行うことで改善されると、その効果がわかります。

正面から骨格をチェックする

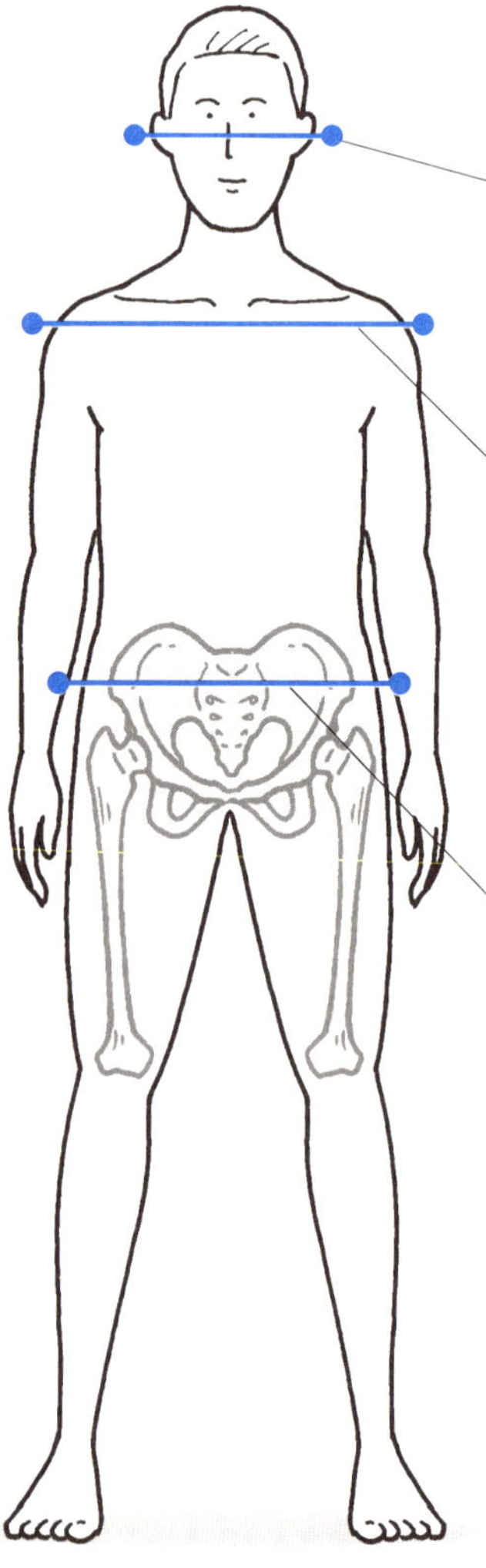

「左右」の傾きをチェック！

顔・肩・腰に線を結び、水平になっていれば、正しい姿勢です。

顔

○ 顔が正面を向いている

× 顔が左右どちらかに斜めに傾いている

肩

○ 両肩を結んだ線が水平になっている

× 上記の線が、左右どちらかに傾いている

※ 左右の指先が水平ならOK

腰

○ 骨盤の左右の出っ張りを結んだ線が、水平になっている

× 上記の線が、左右どちらかに傾いている

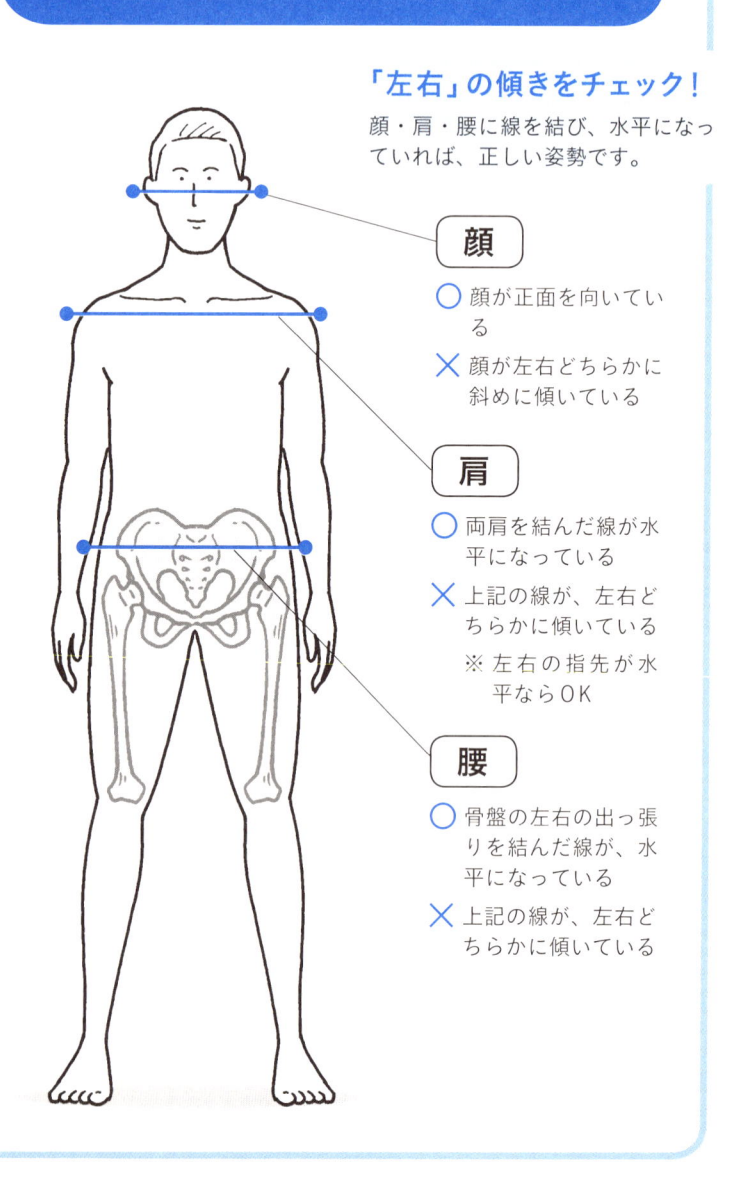

横向きから骨格をチェックする

「前後」の傾きをチェック！

右記の４点を結び、まっすぐな縦線になっていれば、正しい姿勢です。

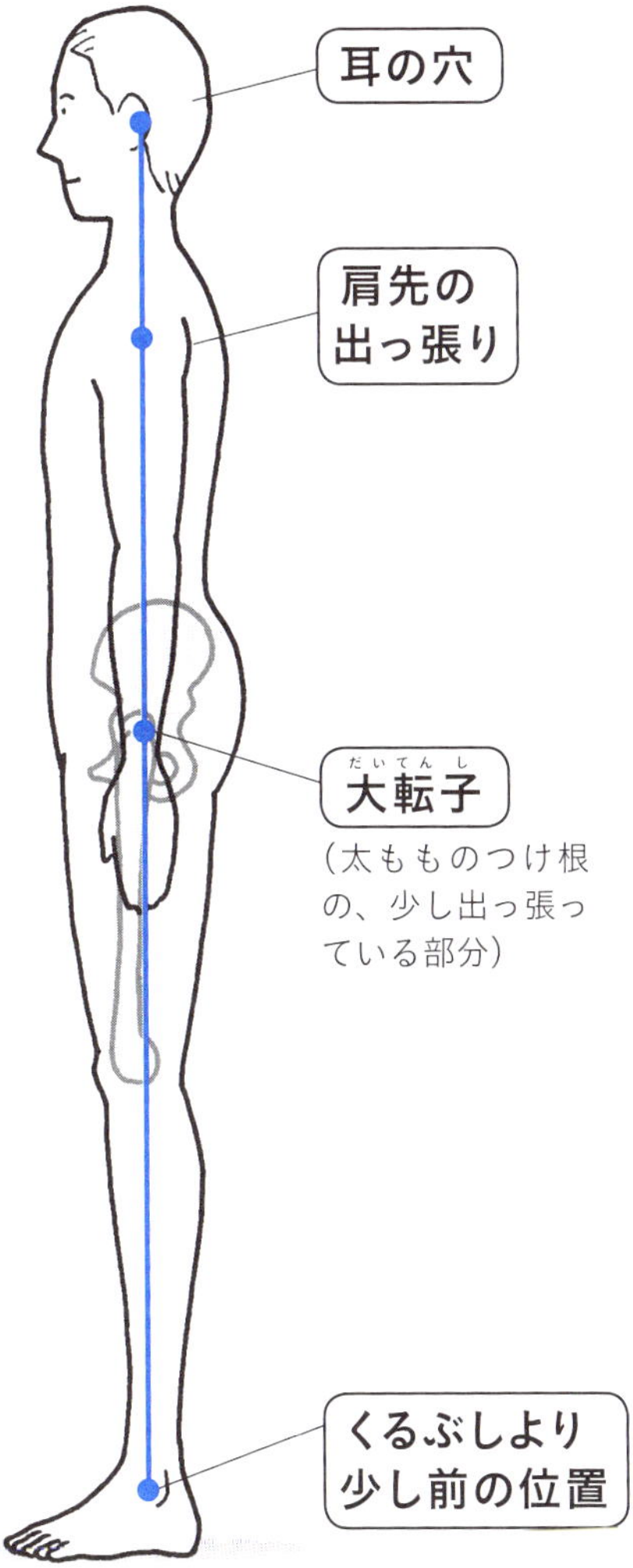

耳の穴
肩先の出っ張り
大転子《だいてんし》
（太もものつけ根の、少し出っ張っている部分）
くるぶしより少し前の位置

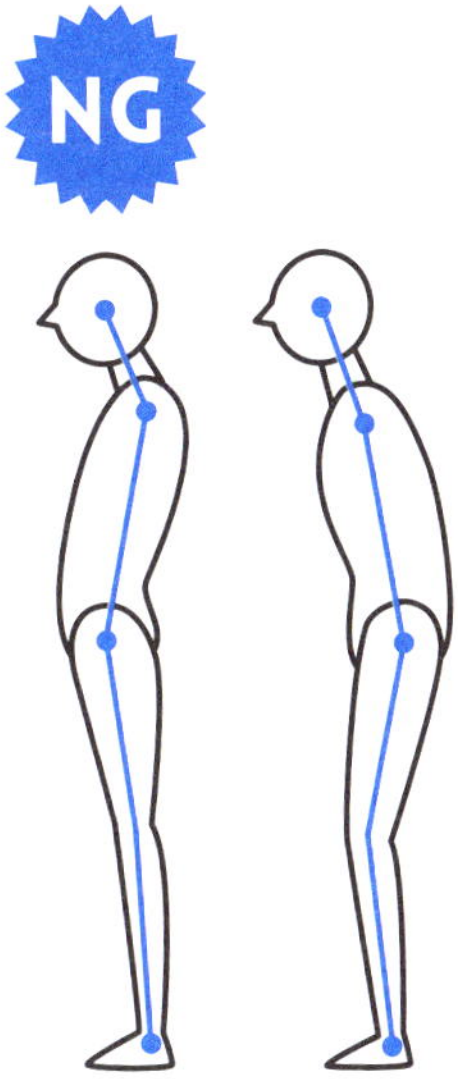

NG

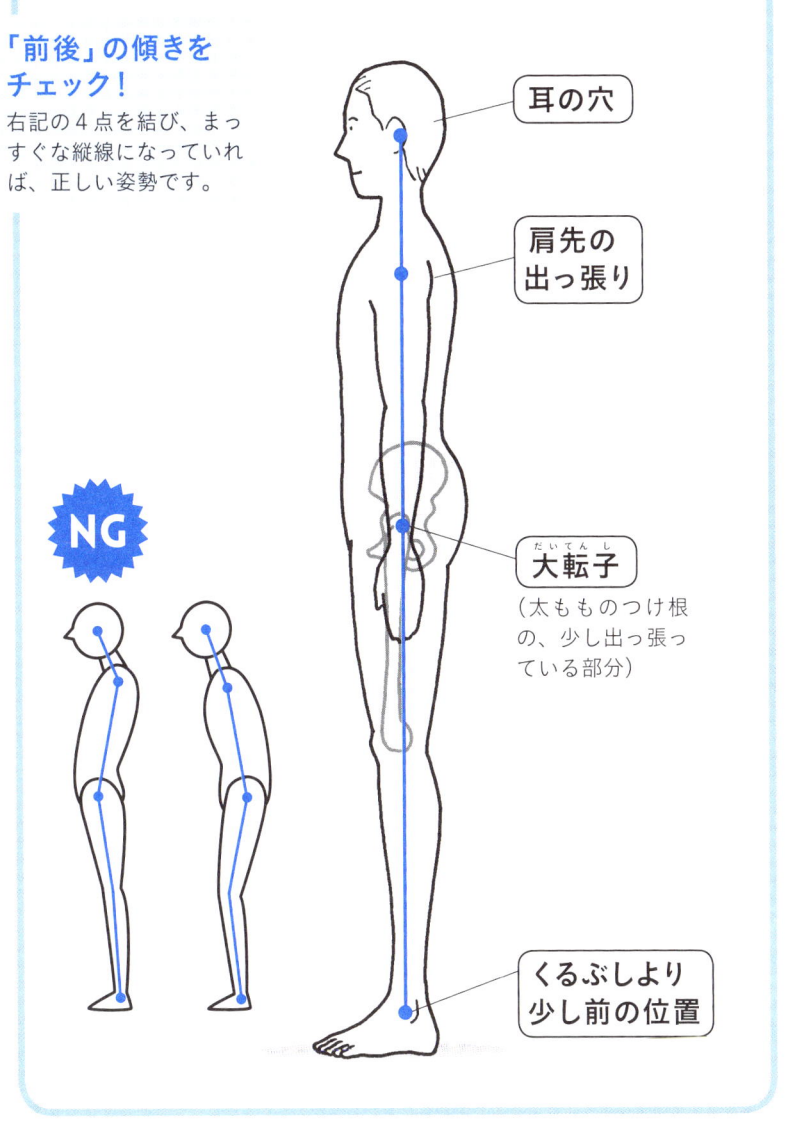

コンディショニングで「呼吸筋」をベストな状態に調整する

それでは、いよいよコンディショニングの開始です。苦しくない範囲で筋肉の可動域を広げ、筋肉をほぐしながら柔軟にしていきましょう。肩や首をさわってみて、コリコリしていたら、その筋肉は十分に機能していない証拠です。

筋肉は「霜降り肉」のような状態がベストです。脂肪の少ないささみのような筋肉では、体の中に栄養素が行きわたらず、酸素も十分に運べません。どの筋肉をさわっても、**つきたてのお餅のようなモチモチの感触**になるように、筋肉を調整することが大切です。

呼吸筋（呼吸に関わる筋肉）をほぐして、深い呼吸がしやすくなる体のベースをつくっていきましょう。

1 肩の筋肉を緩める

肩の高さの左右差をなくすことによって、横隔膜が上下に大きく動くようになります。

**仰向けになり、両膝を立て、かかとを肩幅に開く。
腕の脇は30度に開き、両手のひらは上に向け、
指は自然に開く。指先を1～2㎝、
肩のほうへ向けて、小刻みに動かす。**

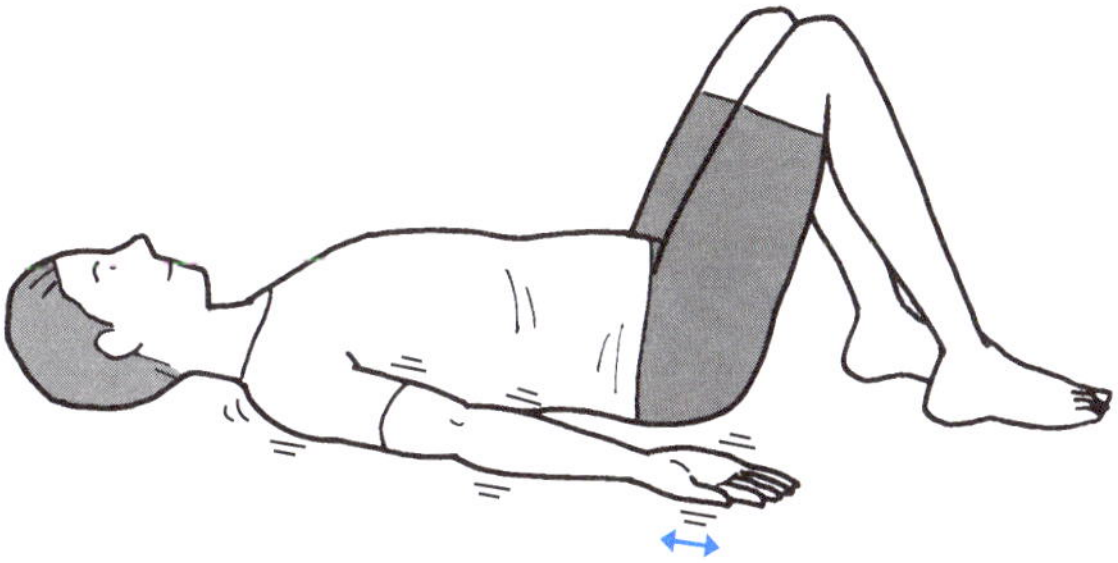

POINT

肩こりのひどい人は、肩の筋肉がビーフジャーキーのように固くなっている。霜降り肉のようなやわらかさが理想。筋肉の可動域が広がる。

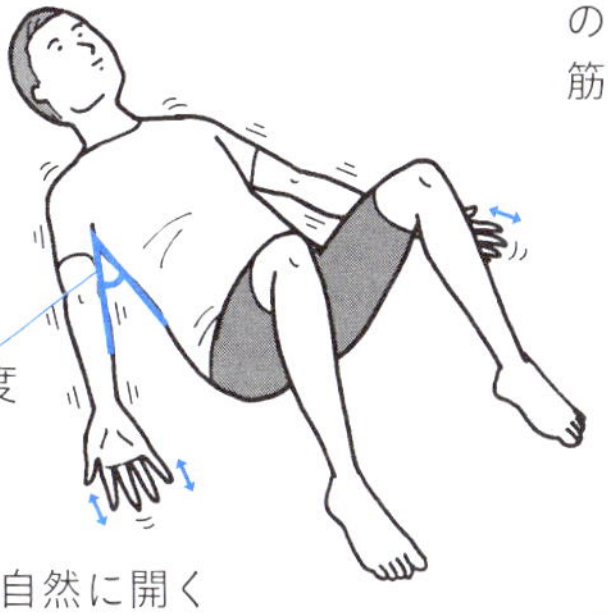

10回（10秒）行う

2 腰まわりの筋肉を緩める

腰の筋肉を緩めることで、背骨の湾曲を改善して、横隔膜が正しく動くように調整します。

仰向けになり、両膝の裏を両手で抱える。
膝を少し胸のほうへ「引きつけ→緩める」。
これを小刻みに、1 ～ 2㎝ゆらすように行う。

POINT

脚の力をなるべく使わず、リラックスして行う。

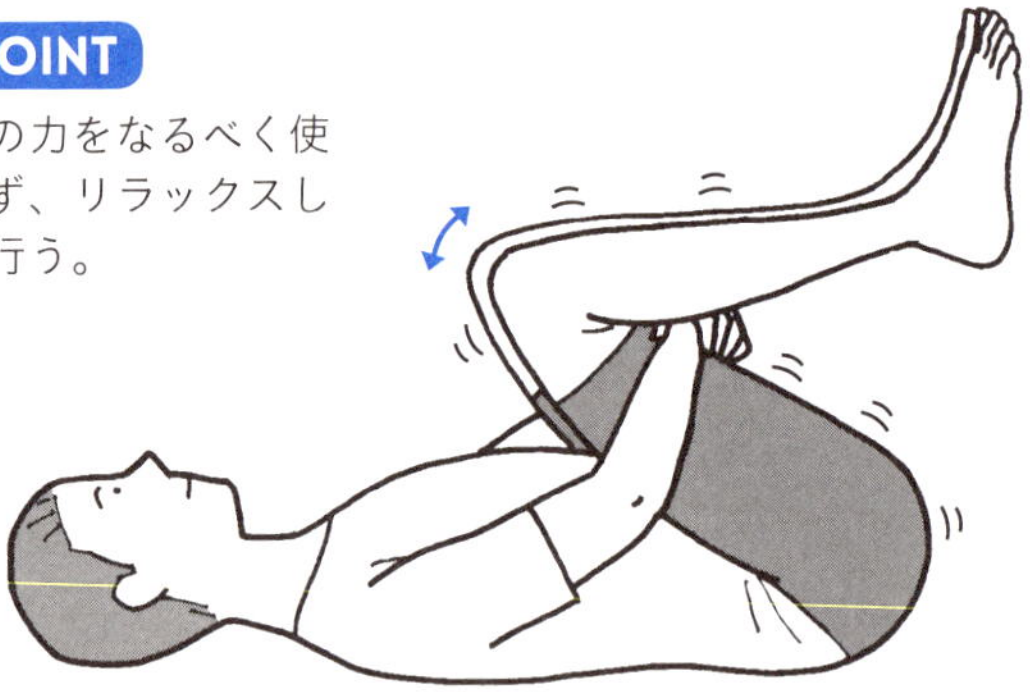

POINT

お尻を上げて、腰を床から離し、腕を手前に少し引っ張る感じにすると行いやすい。

NG

大きな動きをすると、十分な効果が得られない。

10回（10秒） 行う

3 胸郭の筋肉を緩める

胸郭まわりの筋肉が機能してくると、
胸郭が広がって、深い呼吸ができるようになります。

1 右向きに寝転がり、両手は前にまっすぐ出し、手のひらを合わせる。両膝は90度近くまで曲げて膝頭をつけ、かかと・つま先もつける。

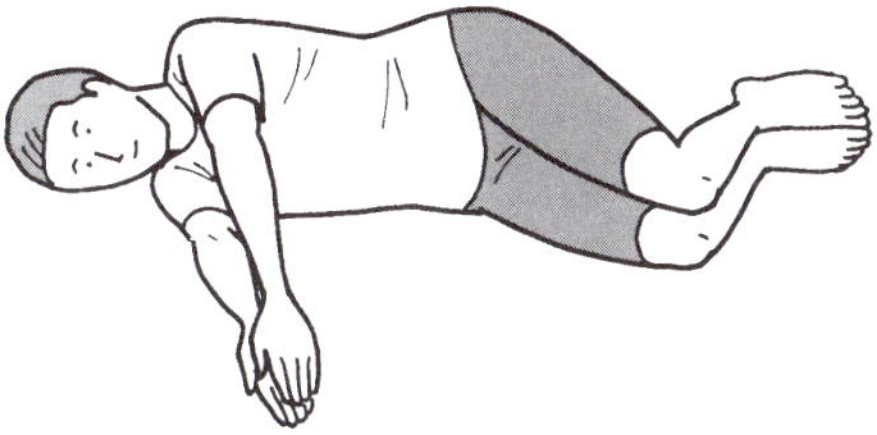

2 左手を大きく左側に開く。同時に、顔も左側を向く。

※反対側も同様に行う。

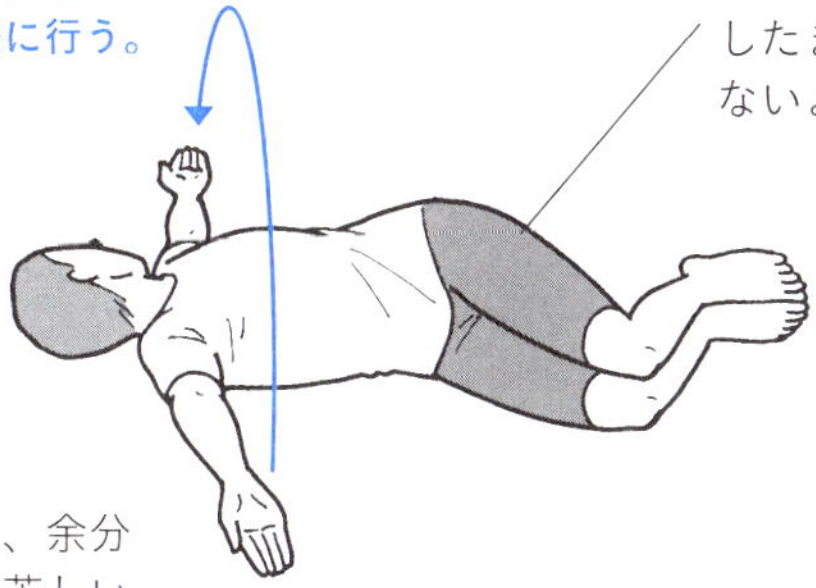

POINT
骨盤の位置は固定したまま、動かさないようにする。

POINT
無理をすると、余分な力が入る。苦しい直前で止める。

NG
両膝が離れてしまうと、十分な効果が得られない。

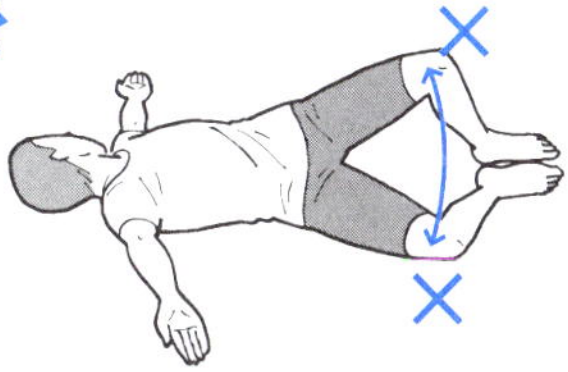

左右ワンセット
10回（30秒） 行う

4 胸郭を柔軟にする

胸郭が柔軟になると、横隔膜の上下運動の幅が広がり、深い呼吸ができるようになります。

仰向けになり、両膝を立て、かかとを肩幅に開く。右手のひらを胸に当て、深呼吸をする。胸は上下に動き、お腹は前後に動く。どちらも大きく動くかどうかを、確認する。

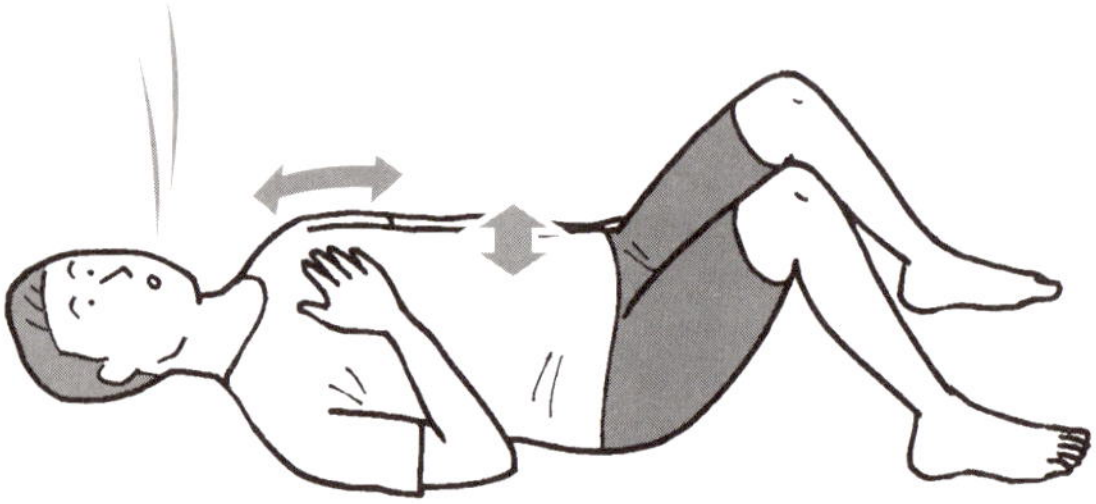

胸が大きく動かない場合は

肋骨の間に指を入れ、右手の指を立てた状態で、右の胸の谷間から肩口へすべらせ、マッサージする。

※反対側も同様に行う。

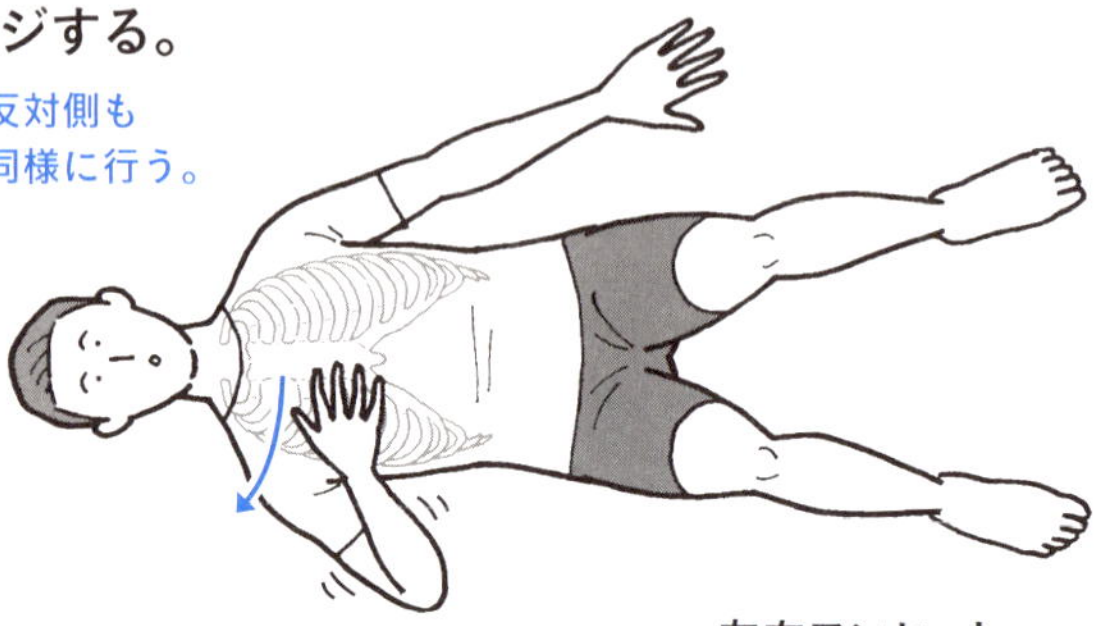

左右ワンセット
10回（30秒） 行う

5 腹横筋を使えるようにする

ウエストまわりの、横の筋肉を働かせる運動です。内側から外側へ、血液やリンパ液を流します。

1 仰向けになり、両膝を立て、かかとを肩幅に開く。お腹を、親指と他の４本の指で軽くつかむようにする。

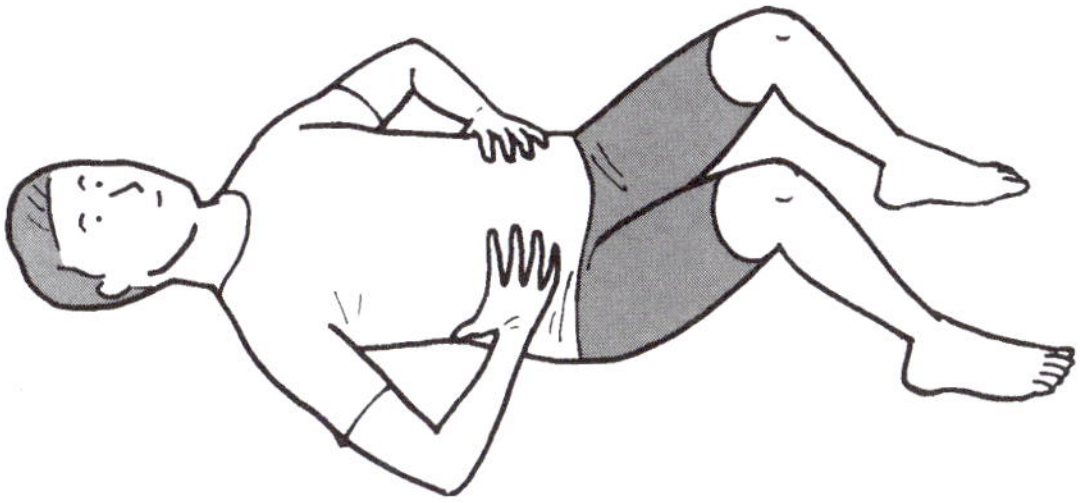

2 大きく息を吐きながら、両手を外側へ向けて絞る（筋肉を緩める）。

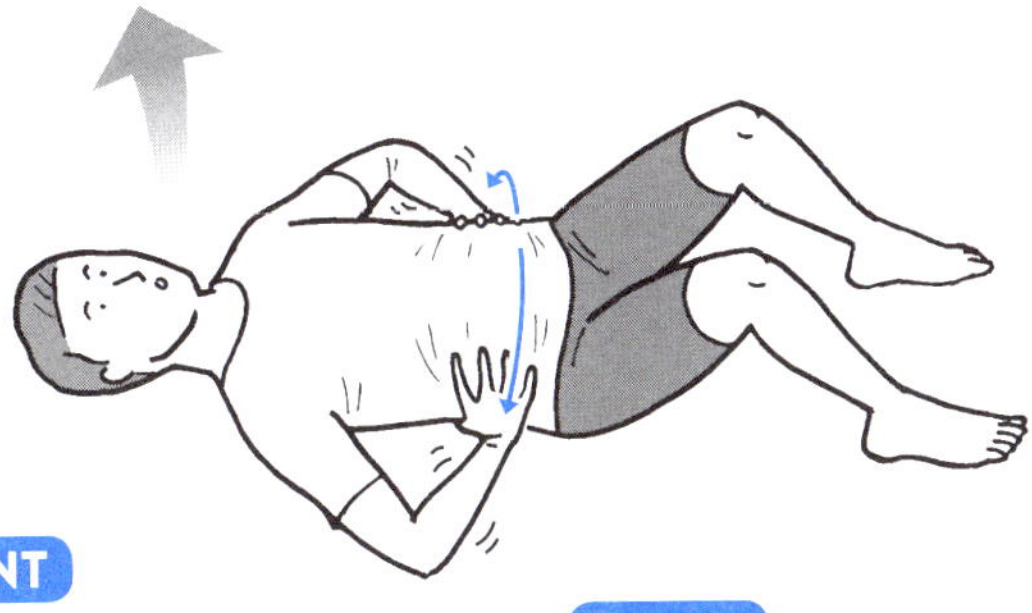

POINT

腹横筋がきちんと動くと、脇腹が横に広がるような感触がある。お腹が前後にふくらむのとは異なるので注意！

10回（20秒）行う

POINT

お腹の中央から、背中へ向けてベルトのように腹横筋がある。背中に向けて筋肉を集めるイメージで行うと効果的。リンパ液の流れもよくなる。

COLUMN 3

〔間違いだらけのポッコリお腹対策〕

▼

×筋肉は鍛えれば鍛えるほどトレーニング効果がアップする

筋トレをやみくもに頑張り続けるのではなく、**筋肉を積極的にケアすることが、トレーニング効果を上げていく**ことにつながります。

体の中の筋肉は、バランスを取り合っています。「一方が縮めば、それに対応したもう一方が伸びる」という特徴があります。そして、疲労がたまった筋肉は縮んだまま固まり、バランスを取っている反対側の筋肉は逆に伸びた状態で固まって動かなくなってしまいます。

肩こり・首こり・腰痛は、こうした筋肉のアンバランスな状態が続くことが原因になって、不調を引き起こすケースが多いようです。

トップアスリートだけではなく、一般の人でも、日常生活の中で筋肉が疲労することは多々あります。筋肉の回復をじっと静かに待つだけでは、いつまで経っても改善しません。

積極的に筋肉疲労を取り除く「コンディショニング（68～73ページ参照）」を行いましょう。

PART 4

簡単！「ストロー呼吸」をはじめよう！

「ストロー呼吸」は「胸式呼吸＋腹式呼吸」によって、自然に深呼吸ができるようになる、画期的なトレーニング法です。この章では、実際の「ストロー呼吸」の方法を詳しく紹介していきます。

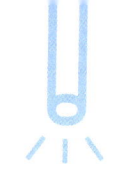

「コンディショニング＋ストロー呼吸」最強タッグで、ポッコリお腹を凹ませる！

本書では、やせやすい体質をつくり、ポッコリお腹を改善するために、「コンディショニング＋ストロー呼吸」の２本立てで、プログラム（50〜51ページ参照）を組んでいます。

トレーニングの最初に、まずコンディショニングで、体のベースづくりをします。主な内容は次の３点です。

1　肩の筋肉と腰まわりの筋肉を緩めて、呼吸筋が大きく動くようにする。

2　胸郭の筋肉を緩めて柔軟にし、深い呼吸ができるように整える。

3　腹横筋が機能するようにし、深い呼吸ができるようになり、血液やリンパ液の流れもスムーズにする。

コンディショニングをすると、すぐに体の歪みがリセットされ、筋肉もやわらかくなり、体の中からポカポカ温かくなってくることを感じるはずです。このように全身の筋肉の働きがよくなったら、いよいよ「ストロー呼吸」に取り組みましょう。通常、私たちは「鼻」から呼吸をしていますが、**「ストロー呼吸」は、「口」で息を吐き、「口」と「鼻」で息を吸います。**そのため、次のような効果があります。

1　ストローを通して口から息を吐くことで負荷がかかり、呼吸筋をトレーニングすることができる。息を吐ききることが重要。

2　鼻だけでなく口も使ってより多くの息を吸うことで、呼吸筋が大きく動き、横隔膜も大きく動くので、深い呼吸ができるようになる。

トップアスリートの呼吸指導を、一般の人向けにした「ストロー呼吸」。**ポッコリお腹改善に向けて、最強・最短のプログラム**といえるでしょう。

呼吸筋を十分に機能させ深い呼吸法を身につける

「ストロー呼吸」でポッコリお腹を改善するために、**もっとも重要なのが、呼吸筋が正常に機能していることです。**呼吸筋が正常に機能すると「胸郭」と「腹部」まわりの筋肉（腹横筋や腹斜筋）が柔軟に動き、横隔膜が100パーセント近く活用できるようになります。

まずは、**胸郭の動きをチェック**してみましょう。肋骨と背骨の間の空間が胸郭です。肋骨は動かないように見えますが、実は背骨と接する部分を支点のようにして少し動きます。息を吸い込みながら、胸に手を当てて、胸全体が持ち上がるような感覚があれば、胸郭がきちんと動いている証拠です。もし、この感覚がなければ、内肋間筋《ないろっかんきん》と外肋間筋《がいろっかんきん》という、肋骨の間にある筋肉などが正常に働いていないと考えられます。その場合は、肋骨《ろっこつ》の間に指を当てて胸をなで、胸が動き出したか再度チェックしましょう。

次に腹部の筋肉のチェックです。腹部の動きを支える筋肉の中でも、特に大切な腹横筋の動きをチェックします。腹横筋は体の深部にあるため、腹横筋そのものを直接、手でふれながらチェックすることができません。そこで、お腹の横あたりに注目します。お腹の横に手を当てて、息を吸い込んだとき、お腹の横あたりがふくらみましたか。ほんの少しふくらめばＯＫです。逆に息を吐いたときに、お腹の横がほんの少し凹んだ感じがありましたか。お腹の前後ではなく、脇腹の部分にこの感覚があれば、腹横筋が上手く使えています。また、腹横筋は背中側の筋肉ともつながっているため、息を吐くときに、脇腹を前から後ろに少し力を込めてさすってあげると、腹横筋が意識的に動かせるようになります。

腹部・胸部の動きと共に横隔膜を十分に上下させることがストロー呼吸の目的です。

「ストロー呼吸」をする前に自分に合ったストローを選ぶ

「ストロー呼吸」で使うストローは、スーパーやコンビニエンスストアなどで売っている、ごく普通のもので十分です。ただ、ストローにはいろいろな種類がありますが、**選ぶときに特に重要なのはストローの太さです。**

「ストロー呼吸」に使うストローは、太さの違いによって負荷のかけ方の調整ができます。つまり、ストローの管（息の通り道）が太いと息が吐きやすく、細いと息が吐きづらくなります。

最初は太さ8ミリ程度の少し太めのものからはじめて、次第に細いものに変えていきましょう。ストローは、**太いものから細いものに変えていくほど、横隔膜の筋力が高まり、横隔膜の広がりが大きくなって、深い呼吸ができる**ようになります。

ストローの太さを選ぶ

深い呼吸ができていない人が、最初から細いストローを
選ぶと、呼吸をするのに負担がかかり過ぎて、苦しくなります。
「ストロー呼吸」をしながら、正しい呼吸ができているか、
呼吸筋がしっかり動いているかをチェックしながら、
苦し過ぎない程度に、だんだん細いものに変えていきます。

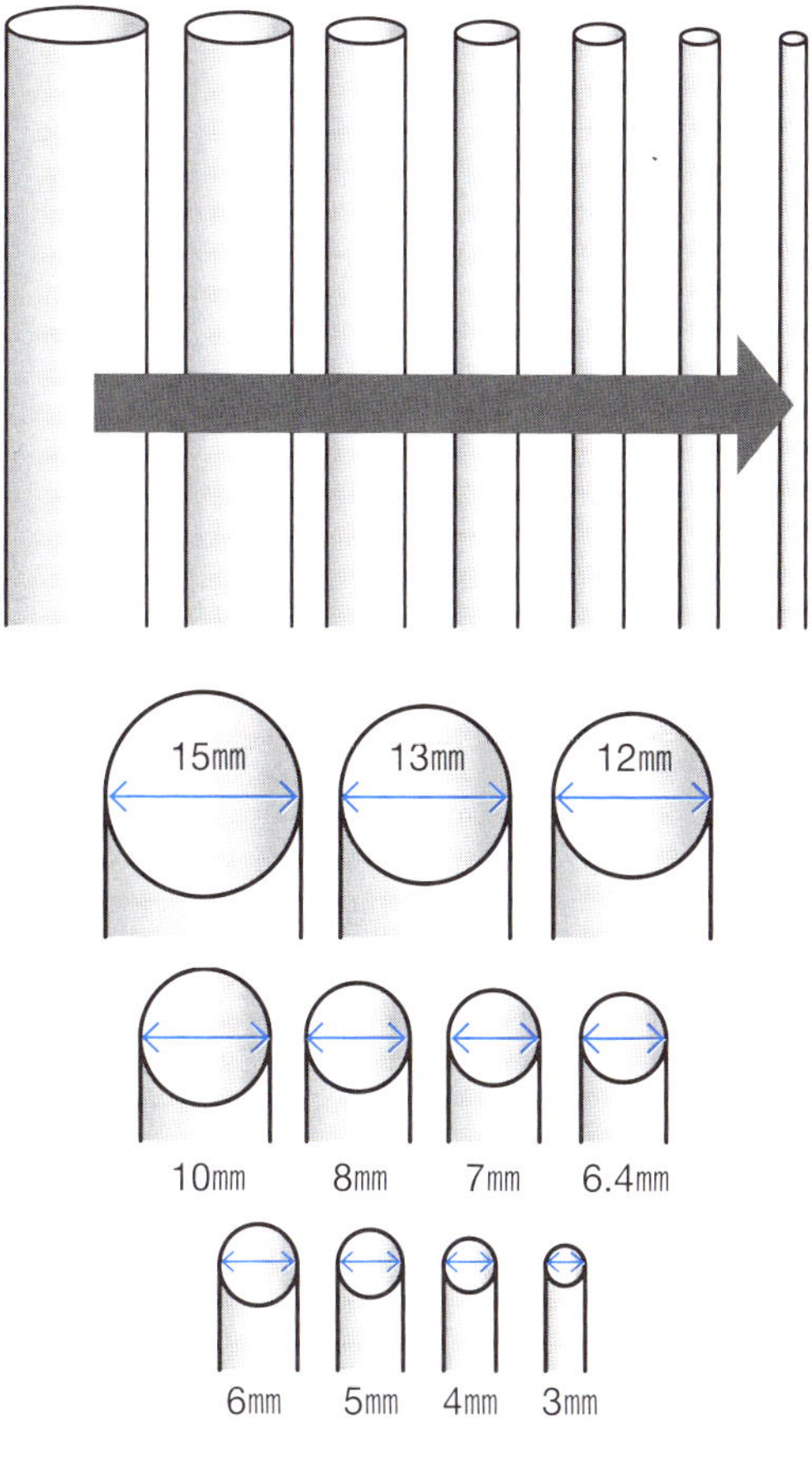

15mm
13mm
12mm
10mm
8mm
7mm
6.4mm
6mm
5mm
4mm
3mm

姿勢を正し、体を安定させて「ストロー呼吸」をスタートする

「ストロー呼吸」をするときには、姿勢を正すことが基本です。体に歪みがあると、横隔膜が大きく動かないからです。次に、脚は肩幅に広げ、脇腹に手を当てて、下半身と上半身をしっかり安定させます。

ストローを持つ手は、右でも左でもいいのですが、利き手が持ちやすいはずです。そして、ストローは必ず**口の真ん中の位置で、しっかりくわえ**ましょう。そうしないと、口の横から息がもれてしまい、集中して深い呼吸ができなくなります。

最後に、**体全体の余分な力を抜いてリラックス**すれば、呼吸筋がしなやかに動くようになります。

これでスタンバイができました。さあ、「ストロー呼吸」をはじめましょう。

「ストロー呼吸」の基本姿勢

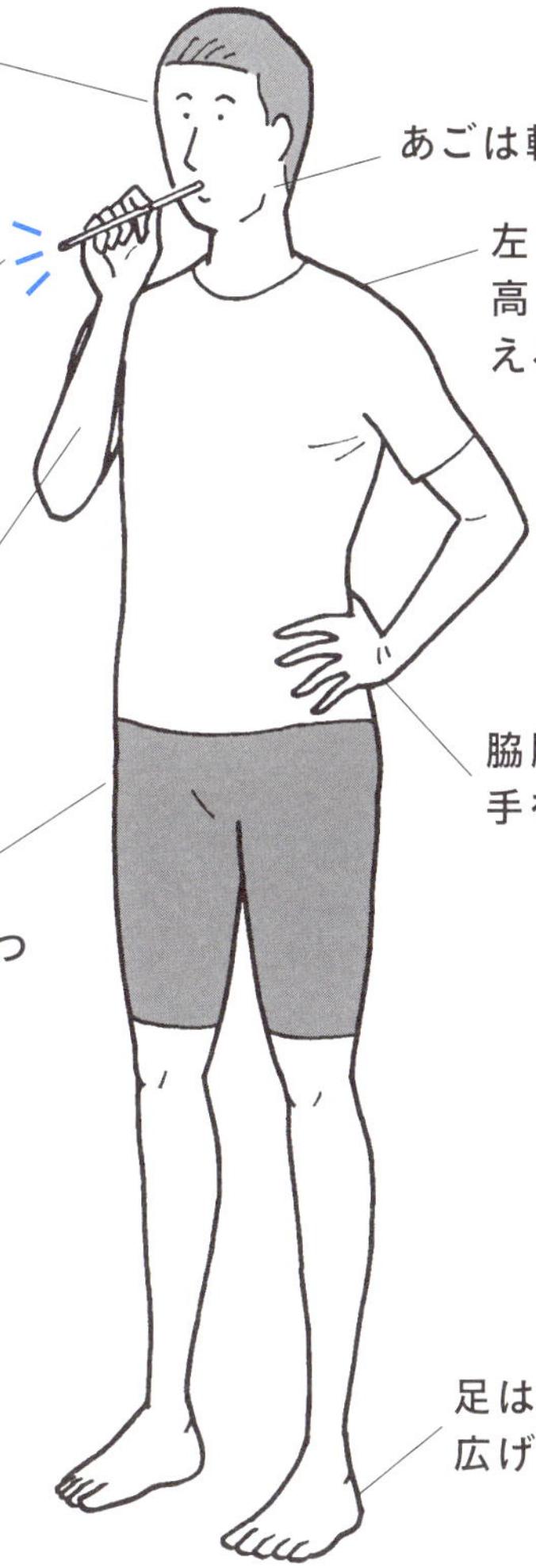
吸うときも
吐くときも
目は見開く
あごは軽く引く
左右の肩の
高さをそろ
える
ストローを口の
真ん中でくわえ
口の横から息が
もれないように
する
利き手で
ストローを持つ
脇腹に軽く
手を当てる
まっすぐに立つ
足は肩幅に
広げる

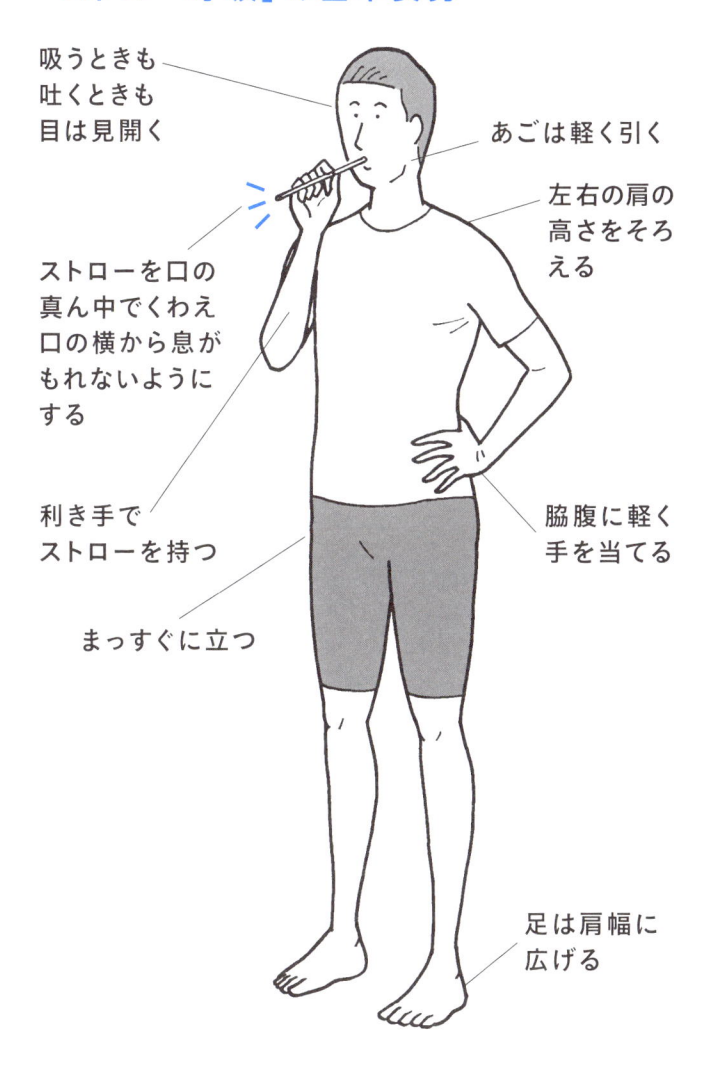

「ストロー呼吸」が正しくできているかセルフチェックしよう

「ストロー呼吸」は、とても簡単な呼吸筋の筋トレです。あまりにも動きが単純なので、かえって正しくできているのかが不安になります。

もっともわかりやすい方法は、**ストローの先に手のひらをかざし、息を吐いてみる**ことです。手のひらに空気が勢いよく当たれば、十分に息が吐けている証拠です。

次に、胸郭や腹横筋が上手く動いているかどうかをチェック（86〜87ページ参照）します。「ストロー呼吸」が正しく行われていれば、胸郭や腹横筋も同時に動きます。

胸郭は、息を吸うと肺がふくらんで、肋骨がほんの少し前に動きます。息を吐くと肺がしぼんで、肋骨がほんの少し後ろに動きます。腹横筋は直接さわれませんが、脇腹が動きます。微妙な動きですが、該当箇所に手を当てれば、判断することができます。

正しくできているかチェック①
きちんと息を吐いているか

ストローの先端に
手のひらをかざし、息を吐く

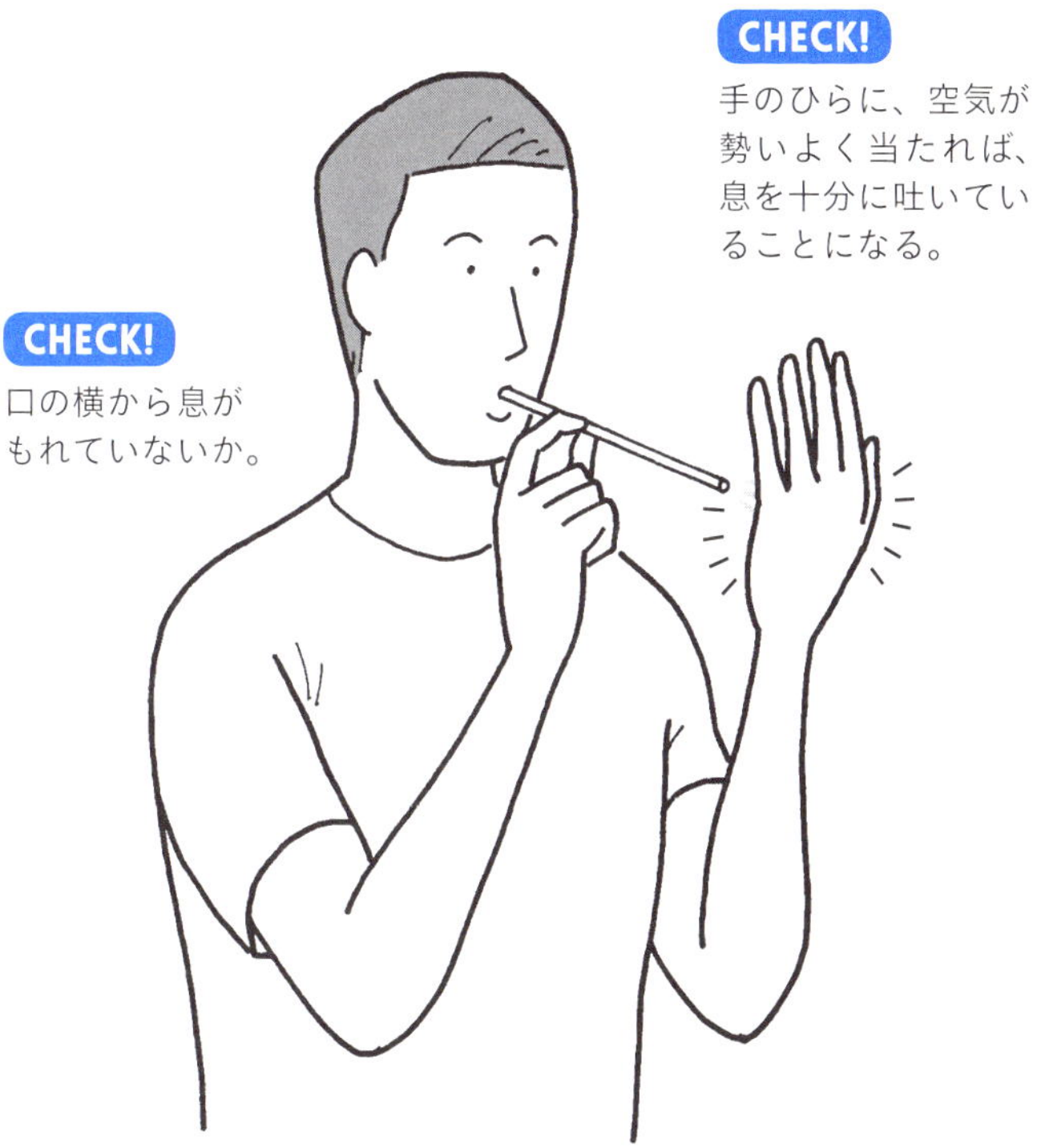
CHECK!
手のひらに、空気が
勢いよく当たれば、
息を十分に吐いてい
ることになる。
CHECK!
口の横から息が
もれていないか。

きちんと息を
吐いているかCHECK!

正しくできているかチェック②
胸郭が動いているか

胸郭（胸の上部）に
両手を当て、「ストロー呼吸」をする

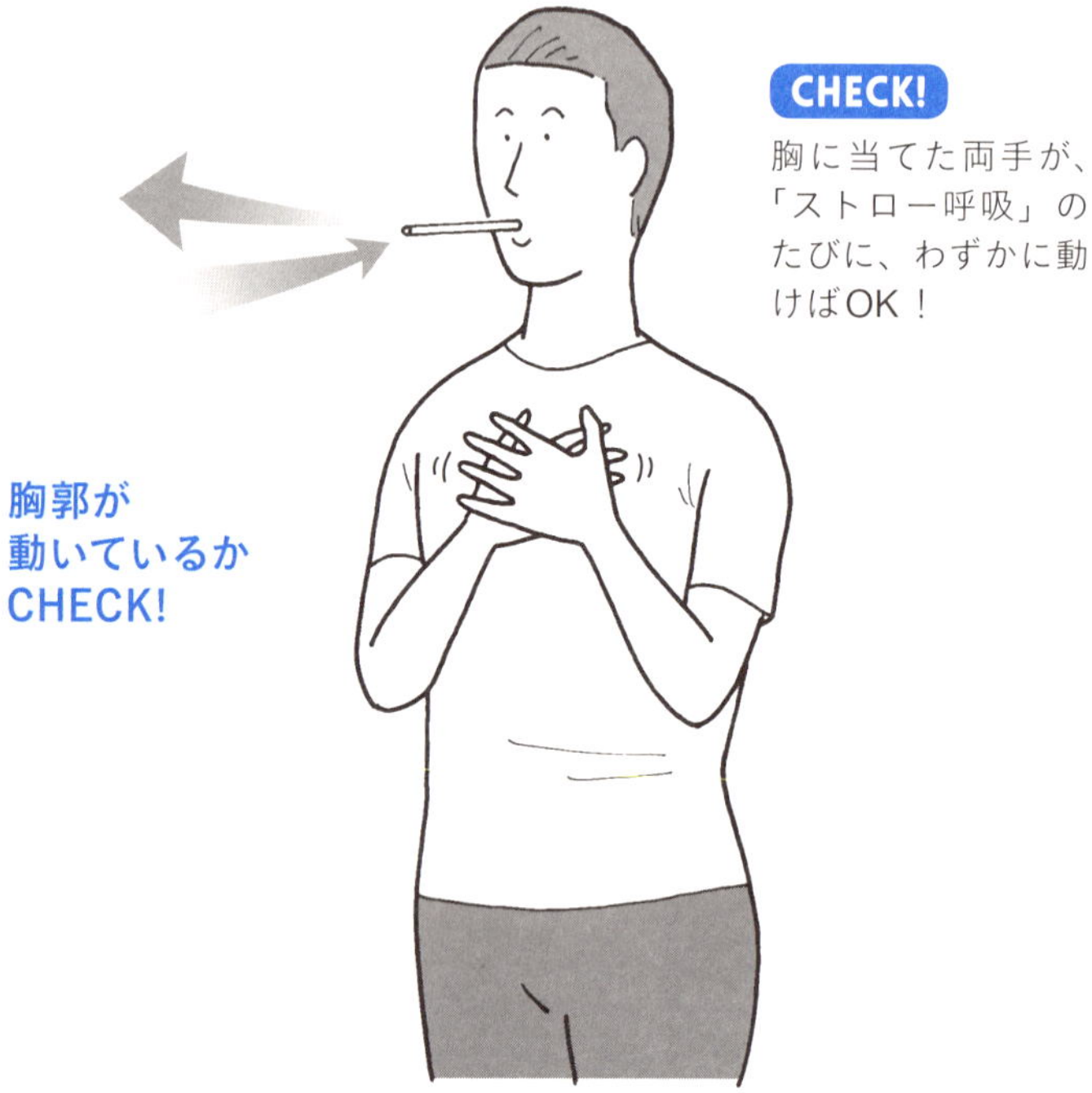
CHECK!
胸に当てた両手が、「ストロー呼吸」のたびに、わずかに動けばOK！
胸郭が
動いているか
CHECK!

ATTENTION!

通常、ストローは指でつかみ、「ストロー呼吸」のトレーニングを行います。

上図のように、ストローから指を離すときは、唇でしっかりストローをくわえましょう。特に息を吸うときには、注意が必要です。

正しくできているかチェック③
腹横筋が動いているか

脇腹（腹横筋）に
両手を当て、「ストロー呼吸」をする

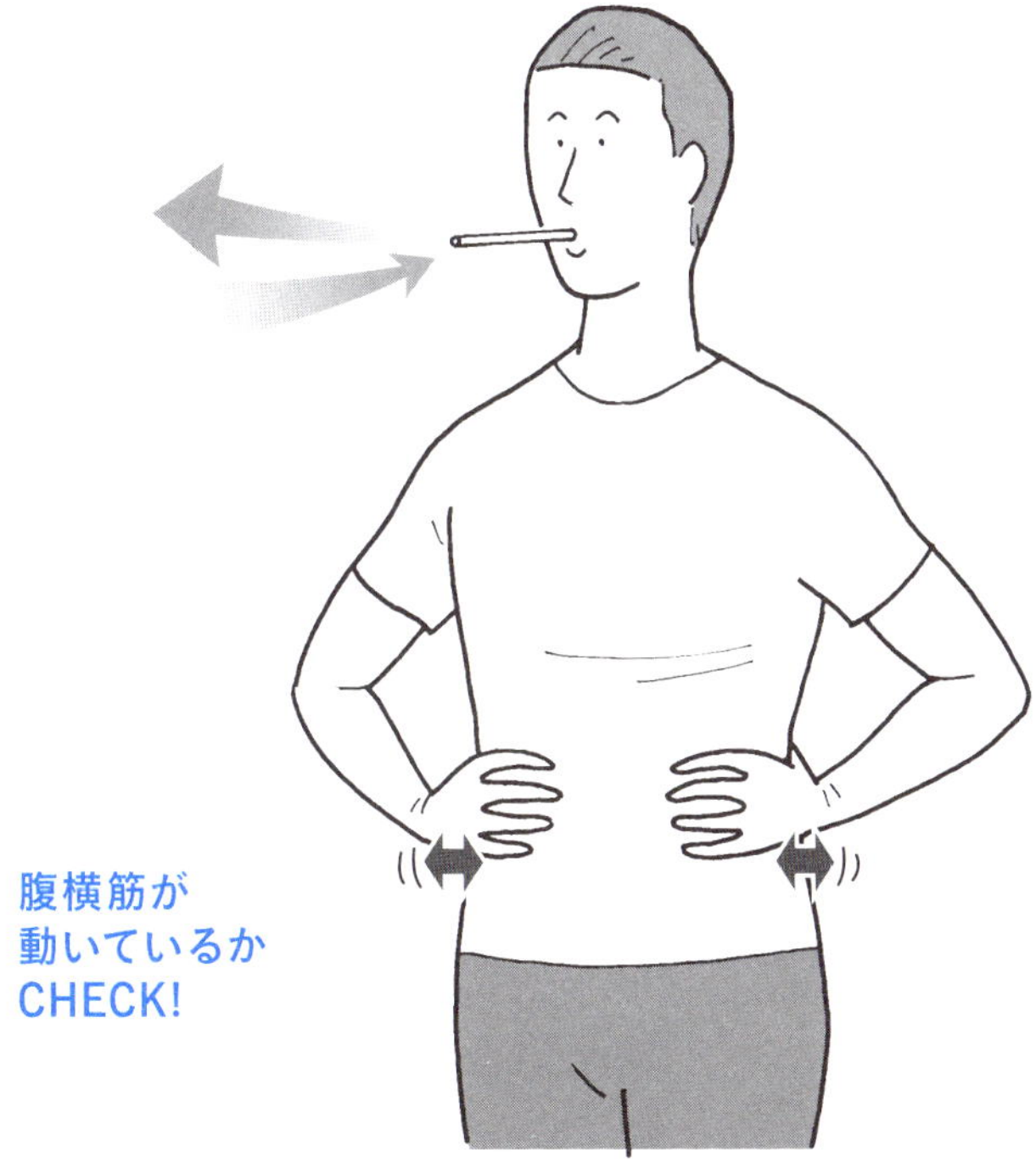

CHECK!

脇腹に当てた手は、息を吐くと左右に狭まり、息を吸うと左右に広がる。

10秒の「ストロー呼吸」

1 ストローをくわえて、5秒で「息を吐く」

ストローを使って、腹横筋を縮めるトレーニング。肺の中の空気を、すべて出しきるようにする。

NG

前のめりになって息を吐くと、横隔膜が大きく動かない。

POINT

腹横筋がしっかり収縮すると、横隔膜が押し上げられ、肺が縮まり、息がしっかり吐き出せる。

2 ストローをくわえて、5秒で「息を吸う」

ストローを使って、横隔膜を強く縮めるトレーニング。肺の中に、空気をいっぱいに入れるようにする。

NG

後ろに反り返って息を吸うと、横隔膜が大きく動かない。

POINT

横隔膜が下がると、肺が広がり、深く息が吸えるようになる。

1と2ワンセット10秒を**10回**行う

長く息を「吐く↓吸う」ことでさらに深い呼吸へと変わる

「ストロー呼吸」は普通の呼吸とは異なり、ストローを使うことによって、呼吸に意識が集中し、より努力して呼吸をするようになります。**ストローで呼吸に負荷をかけることで、通常よりも呼吸筋（横隔膜など）が大きく動くようになり、深い呼吸ができるようになる**のです。

「10秒のストロー呼吸」ができるようになったら、次の段階の「20秒のストロー呼吸」へと進みましょう。10秒のときと比べて、さらに呼吸筋（特に横隔膜）が大きく動き、深い呼吸になって、代謝がアップします。

ヨガでは、**30秒から40秒かけて、息を吐くことをします。「20秒のストロー呼吸」に慣れてきたら、30秒に延ばせば、さらに効果がアップします。**

20秒の「ストロー呼吸」

1

ストローをくわえて、
10秒で「息を吐く」

POINT
最後まで息を吐ききるようにする。

2

ストローをくわえて、
10秒で「息を吸う」

POINT
めいっぱい息を吸うようにする。

1と2ワンセット20秒を5回行う

COLUMN 4

〔間違いだらけのポッコリお腹対策〕

▼

×

ジョギングをしてから筋トレをすると効果がある

朝起きて、ジョギングでウォーミングアップしてから、筋トレをする人が多いようです。確かに体を温めてから、筋トレを行うと効果がアップするイメージですが、本当にそうなのでしょうか。

実際にはあまりジョギングを長くしてしまうと、**筋肉がガス欠になってしまう**懸念があります。ジョギング（有酸素運動）のエネルギー源は糖分と脂肪の両方で、筋トレは主に糖分になります。

たとえば、ジョギングを1時間程度した場合、糖分を使い果たしてしまって、筋トレで使う分まで残らないという状況になります。だいたい10分を目安に走るとよいでしょう。

筋トレとジョギングでは、使う筋肉の性質が異なります。筋トレは筋力の強化、ジョギングは持久力をアップさせるのが目的ですが、2つの目的のものを同時に行うと効果が落ちるので、別々の日に行うとよいでしょう。一日の内に、ジョギングと筋トレを両方セットで行うのであれば「朝に筋トレ、夜にジョギング」のように分けて行うとよいでしょう。

PART 5

他にもある！「ストロー呼吸」のスゴイ効果！

「ストロー呼吸」には、お腹ポッコリ改善はもちろん、他にもうれしい効果がたくさん！　肩こりの解消、頭が冴える、免疫力が高まる、デトックス・美肌効果をはじめ、リラックス効果まで期待できます。

肩こりや首こりが驚くほどすっきり軽くなる！

現代の生活では、ほとんどの人がパソコンやスマートフォンを見る時間が多くなっています。そんなとき、**無意識のうちに頭の位置が体より前に出ていませんか。**実はこの姿勢が習慣となって筋肉疲労が蓄積し、筋肉が固まったり、機能が悪くなったりして、肩こりや首こりの原因につながっていきます。

頭を体よりも前に出す姿勢は、首の後ろ側にある筋肉に負担を与えます。板状筋《ばんじょうきん》、肩甲挙筋《けんこうきょきん》、僧帽筋《そうぼうきん》といった筋肉です。人の頭は想像以上に重く、これらの筋肉はその頭を支えるために伸ばされ続けます。

毎日のように長時間この状態が続くと、**首の後ろ側にある筋肉は伸びたまま、首の前側にある筋肉は縮んだままになり、いずれもその状態のまま固まってしまいます。**

これが肩こりや首こりの要因です。人によっては、頭痛を引き起こすほどの重症なケースもあります。

肩こりや首こりの解消法は、不自然な姿勢を続けて硬直してしまった筋肉を、正常な状態に戻すことが重要なポイントです。よい姿勢を保ち、筋肉が上手く機能しはじめると、肩こりや首こりが軽くなることでしょう。

コンディショニング（68～73ページ参照）で、筋肉をほぐして体の歪みを矯正し、「ストロー呼吸」で正しい呼吸ができるようになると、**自然と姿勢もよくなり、慢性化していた肩こりや首こりの解消にも役立ってくれます。**

パソコンやスマートフォンを長時間見ていたり、デスクワークに疲れたら、ぜひ一度「ストロー呼吸」を試してみてください。

脳への酸素供給量が増加し頭が冴える

「頭がボーッとしている」、「物事に集中できない」、「人や物の名前がすぐに出てこない」ということはありませんか。何かに悩んでいたり、疲れているときには、若い人でも思い当たることがあるかもしれません。しかし、それが頻繁に続くようでしたら、黄色信号です。すぐにでも対策を講じましょう。

実は、**体の中に入った酸素の4分の1は、脳が消費している**といわれています。深い呼吸ができない状態では、**脳は酸欠状態になってしまい、脳の機能が大幅に低下する**ことをご存じでしょうか。

私たちが普段している呼吸は、とても浅い場合が多いのです。呼吸は1日に約2万回、無意識にしていますが、呼吸筋（呼吸に関わる筋肉）は、生命維持のために必要な最低限のパワーを使っているのみです。使わない筋肉はどんどん怠けていき、次第に浅い呼吸になってしまうという訳です。

そこで、深い呼吸が可能になる「ストロー呼吸」に着目です。「ストロー呼吸」は、呼吸筋（特に横隔膜）を大きく動かし、酸素を十分に取り入れられるトレーニング法です。そのメカニズムは、こうです。体内に酸素が十分に取り入れられると基礎代謝がアップし、血液の流れがよくなります。すると、**脳にも栄養がいきわたって脳の働きがよくなる**だけではなく、脳細胞の修復も効率よく行われ、脳細胞のネットワークまで複雑に絡みはじめます。

1日1回「ストロー呼吸」をするだけで、脳のパフォーマンス（集中力や記憶力）がアップするなら、こんなに楽なことはありません。冴えた頭で、仕事もプライベートも、思いきりパワーアップしましょう。

便秘が改善し美髪・美肌効果もある

便秘で悩んでいる人は、ポッコリお腹にも悩んでいることが多いものです。なぜなら、胃腸の働きが悪くなると便がたまって排出されなくなり、物理的な見地からもお腹はふくれてきます。そして、「便秘が長く続く↓腸内フローラ（腸内細菌の様相）が乱れる」。この流れは、「鶏が先か、卵が先か」の関係となり、次第に負のスパイラルに陥っていきます。

この連鎖を断ち切る方法のひとつとして、深い呼吸が可能になる「ストロー呼吸」が功を奏することはご存じでしょうか。

そのメカニズムは、こうです。「ストロー呼吸」を行うと、呼吸筋がしっかりと働くことで、**基礎代謝がアップ**します。同時に、リンパ液がスムーズに流れるようになり、**体の毒素を排出するデトックス効果**も期待できます。さらに、呼吸筋（横隔膜、腹横筋、腹斜筋など）が大きく動くことによって、**腸の働きが活発化し、便秘の改善につながる**という訳です。

便秘が長く続くと、ポッコリお腹になるばかりか、腰痛やストレスをはじめ、肌荒れの原因にもなります。たかが便秘、されど便秘。侮れない状態です。慢性化している人は、すぐに「ストロー呼吸」を習慣づけましょう。

さらに「ストロー呼吸」には、深い呼吸によってリラックスする効果があり、**睡眠の質を高めて**くれます。良質な睡眠は、成長ホルモンの分泌を促す働きがあります。成長ホルモンは新陳代謝を高める「若返りホルモン」ともいわれ、加齢とともに減る傾向があります。健康な肌や髪を育てるためにも、「ストロー呼吸」は一役買ってくれそうです。

緊張しやすい人は リラックスする効果も！

仕事や日常生活で「ここ一番！」というときに、緊張してしまう。そんな経験はありませんか。アスリートの中にも、緊張しやすいタイプの選手は大勢います。緊張するのは、ある意味当然のことで、よいことでもあります。ところが、**勝負の前の緊張で、呼吸が浅くなると要注意です。**

試合を目前に、緊張や強いストレスで、自分では気づかないうちに呼吸が浅くなってしまうと、筋肉が硬直気味になり、深い呼吸ができなくなるからです。こうなると、筋肉がこわばったままで競技に入ってしまい、本来の実力が発揮できなくなるケースも多々あります。

このように呼吸は、体や精神の状態と、非常に密接な関係があります。試合（または仕事）前の緊張を解消しリラックスするためには、呼吸に意識を集中することも、ひとつの方法です。息を吸うと交感神経（アドレナリン、ノルアドレナリン）が働き、息を吐くと副交感神経（アセチルコリン）が働きます。**緊張したときは、息を吐くことで副交換神経が働き、リラックスすることができます。**つまり、息を吸うことで筋肉は収縮しやすくなり、息を吐くことで筋肉はほぐれます。ゆっくりと長く、息を続けて吐くようにすると、よりリラックス効果が高まります。

大事な局面の前には、「深い呼吸＝ストロー呼吸」を繰り返し実践してみてください。そのときは、特に吐くことに意識を集中することがポイントです。次第に精神的に落ち着いてくると、深い呼吸になって筋肉も緩みはじめ、同時に緊張も緩んでくることでしょう。

そして、無意識のうちに呼吸筋を使った深い呼吸ができると、何事にもリラックスして臨めるようになります。たとえば、ゴルフで「大事なパットは、緊張して失敗していた」人が、逆に楽しみになったという話もよく聞きます。呼吸法を変えることで、リラックスできるようになることが「ストロー呼吸」の成果のひとつです。

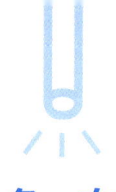

自律神経が整えられ免疫力が高まる

一般的に、免疫力が低いと、風邪やインフルエンザにかかりやすくなります。免疫力とは、体の中に侵入した異物（細菌やウイルス）に対抗し、排除してくれる力です。これらの異物を排除するには、血液の助けが必要です。血液には赤血球（酸素を運ぶ）と、白血球（免疫を司《つかさど》る）があり、なかでも白血球は多くの細胞からなり、それぞれに役割が異なります。

白血球は大きく分けて、顆粒球《かりゅうきゅう》、リンパ球、マクロファージの3種類があります。これらが一定のバランスを保って働いていれば、病気にかかりにくい状態です。しかし、自律神経のバランスが悪くなると、白血球の働きに大きく影響を与えます。もう少し詳しくいえば、交感神経が優位になってくると、白血球のバランスが崩れ、細胞や組織が活性酸素によってダメージを受け、その結果、免疫力が低下してしまうのです。

免疫力をアップさせるためには、意外にも自律神経のバランスを調整することが鍵になります。自律神経は、昼の活動時に優位な「交感神経」と、特に夜間の休息時に優位になる「副交感神経」の2種類に分かれます。このバランスが大きく崩れると、自律神経失調症となり、だるさ、不眠、食欲低下などが起こることもあります。

私たちの生活は、交感神経が優位になりがちで、そのままの状態を放置すると、体の不調に悩まされたり、免疫力低下につながります。では、副交感神経を優位な方向へ導くためには、どうすればよいのでしょうか。

まず第一に、ストレスや疲労をためないようにし、十分な睡眠を心がけることです。さらに「ストロー呼吸」をすることで、より深い呼吸ができるようになります。**大きく息を吐くことによって副交感神経が働きはじめ、**自律神経のバランスが整い、免疫力アップにつながっていくのです。

COLUMN 5

間違いだらけのポッコリお腹対策

▼

✕

EMSやブルブルマシンなら楽してポッコリお腹が改善する

広告でよく見かけるEMSやブルブルマシン。ソファに座ってテレビを見ながら、ポッコリお腹が改善するなら、こんなにいいことはありません。実のところ、その効き目はどうなのでしょうか。

結論からいえば、ブルブルマシンは気持ちがいいだけで筋疲労を伴わず、**マッサージ効果はありますが、筋トレの効果はありません。**

一方、EMSは電極パットを使って筋肉が動く原理に基づいているので、筋トレの効果は期待できます。

ただし、電力の強さは問題です。あまり弱いと表面的な筋肉にしか届かず、思ったほどの効果は期待できません。

体（筋肉）を動かすことに身体的な不都合がない場合は、**実際に筋トレをして、ポッコリお腹を改善したほうが、非常に効率がいい**と思います。

本書で紹介している「コンディショニング」と「ストロー呼吸」は、特別な器具を使わなくても、最大の効果を上げることが可能です。

PART 6

「ストロー呼吸」なら、3週間でお腹が凹む！

牧野先生の指導のもと、30〜40代の４名の男女に、「ストロー呼吸」にチャレンジしてもらいました。お腹ポッコリが改善された人や、肩こりの悩みから解放された人など、よろこびの声が続々……。

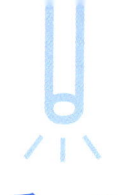

「ストロー呼吸」体験者たちから その効果に、驚きの声が続々！（編集部）

トレーニングウエアに着替えた体験者がラボに集まると、牧野講平先生が颯爽と現れました。オリンピック選手を勝利に導いたパーソナルトレーナーで、通常一般の人は指導を受けることができません。体験者たちはいくぶん緊張した面持ちで、牧野先生の言葉に耳を傾けます。カメラマンが一部始終を撮影し、パソコンの画面で動きをチェックしながら、牧野先生が一人ひとりに手取り足取り指導をしてくれました。

早くもその場で、体験者の中から驚きの声が上がりました。コンディショニングで、体をほんの少しゆらしたり、小さな動きをしただけなのに、前傾姿勢や左右の傾きなどが一瞬のうちに整えられ、正しい姿勢になったのです。長年の体の癖が、こんなに簡単に修正されるとは、まさに奇跡のような光景で、みんなの顔が一様に輝きました。

そして、「ストロー呼吸」の方法はあまりに簡単なので「これだけなら、1日1回といわず、もっとできるかも」という、体験者の声もありました。

それぞれ家に帰った体験者たちが、「ストロー呼吸」を実践し、1週間、2週間、3週間と続けていくうちに、さまざまな効果が実感されたようです。体がすっきりシェイプされたり、肩こりが改善されたり……。さらには、深い呼吸ができるようになって、リラックスできるようになったというよろこびの声もあります。

また、牧野先生から「普段からスポーツをしている人は、目覚ましい効果は期待できないかもしれない」との話もありました。しかし、スポーツマンの体験者2人も、お腹まわりの筋肉が引き締まってシックスパックになりつつあったり、明らかに体重やお腹まわりのサイズが減ったりしてきています。

体験者の効果は微妙に異なりますが、いずれも気になっていた部分が改善されて、「ストロー呼吸」の驚くべき効果を実感されたようです。これを機会に、「ストロー呼吸」を続けていけば、ポッコリお腹がさらに改善し、人生が変わるかもしれません。

それでは、次ページから体験者たちの声を紹介していきましょう。

ズボンのベルトの穴がひとつ分は細くなりました。

K・Kさん
（40代・男性）

若いときにはバスケットをしていました。現在は月に数回、スポーツジムに通っています。身長は１８３センチ、体重は94キロ、お腹まわりは１０２センチ、いわゆる巨漢です。営業職なので接待も多く、大好きなビールを浴びるように飲み、自他共に認める「ビール腹」！　樽のようなポッコリお腹にずっと悩んできました。

若いときと同じように飲み食いをしていると、年とともに代謝が落ちているのか、少しくらい運動をしても体重は落ちません。顔をしかめて腹筋をしても、ポッコリお腹は一向に改善されず、「もう、仕方がないか……」と、半ば諦めていました。

そんな折、牧野先生の「ストロー呼吸」体験に誘っていただき、何とか成果を出そうと励んだ結果を報告します。1週間目からお腹まわりがすぐに細くなり、なんと2センチのマイナス！　しかし、2週間目は週末の飲み過ぎのせいか、一気にリバウンドしてしまって大反省！　3週間目になると、腹横筋が意識できるようになって、「ストロー呼吸」の効果が一層実感できました。スポーツジムに行き、久々に92キロを切ったのですが、ウエストはあまり変わっていません。確かに、ウエストは一番細い所ではかっていたため、あまり差が出ていませんでした。しかし、ある朝、ズボンをはいたとき、ベルトの穴がひとつ分は細くなってビックリ！　お腹の一番太い所は5センチも減っていたのです。「ストロー呼吸」以外に特別なことはせず、食事や飲酒は普段通りの生活だったので、これはスゴイことです。

また、「ストロー呼吸」では、朝からお腹に力を適度に入れて刺激を与えることで、胃腸の調子も改善しました。今後は「体重マイナス10キロ、お腹まわりマイナス10センチ」をめざしたいです。飲み過ぎに注意して、このまま「ストロー呼吸」を続ければ、目標達成の日も近いと予感しています。

もう少しで、シックスパックが手に入れられるかもしれない！

H・Oさん（40代・男性）

学生の頃からサッカーチームに入っていて、スポーツは得意なほうだと思っています。身長172センチ、体重71・3キロ、お腹まわり90センチで、比較的、筋肉質な体型です。営業職なので、体はよく動かしているのではないでしょうか。とはいえ、30代後半くらいから、体重増加、下腹ポッコリが気になりはじめました。

飲むのも食べるのも大好きなので、やせることは至難の技！「ストロー呼吸」開始にあたり、「飲み会に行きながら、やせる！」「夜、炭水化物を摂らない」ことを遵守してきました。ただし、寝る前に、「腕立てふせ×50回、腹筋×50回、懸垂

×20回」という目標については、諸事情によって必ずしも守れず……。一方、「経過を妻に見てもらうことで、緊張感を持続させる」という保険（?）もかけていました。

朝食は、野菜ジュース2杯＋軽い和食。昼食は、チーズカレー大盛り、きつねうどん大盛り、担々麺大盛り、立ち食いきしめん特盛りなどの、炭水化物てんこ盛り。夕食時は、お酒を飲んでおつまみは食べますが、炭水化物は御法度です。

そんな日々の中、「ストロー呼吸」をはじめて2日目、「腹筋をした際に、腰が軽く感じられた」。3日目、「肩が少し軽くなり、いつもは軟便だが、今日は違った」。2週目半ば、「10年以上ぶりに70キロ以下に、このままいけるか？　肩こりはだいぶ解消されている」と、いずれも好結果。「ストロー呼吸」によって、確実に体のコンディションがよくなっています。毎日、スマホで撮影して経過観察をしてきましたが、最近ではお腹まわりに筋肉がつき、シックスパックが実現しつつあることが判明しました。眠っていたポテンシャルが、次第に目覚めてくる感覚です。

お腹まわりがすっきりして、周囲から「やせた？」といわれます。

K・Iさん（30代・男性）

いつも体調が思わしくない上に、デスクワークが続き、神経をすり減らす仕事のためストレスがたまりがちな生活をしています。若いときはスポーツをしていましたが、今はまったくしていません。

腰痛があるので、休日は家でゴロゴロしていることが多く、特に長期休暇のシーズンはレッドゾーン！　一気に体重が増加して、お腹がポッコリ！　体全体に贅肉がついて、久々に出勤すると「どうしたの!?」と、周囲から驚かれる状態でした。

牧野先生の指導で、コンディショニングをしたとき、体が固いため、はじめは思うように動かせませんでした。しかし、家で毎日続けていく内に、肩甲骨が開いてきて、浮いていた腰が床にピッタリ着くようになりました。横隔膜をはじめとする呼吸筋が次第にやわらかくなってきたのを実感しています。

何かにつけて私は三日坊主なのですが、「ストロー呼吸」は簡単で、時間の取れるときは朝夜2回やるほどハマリました。体重は2週間から3週間で、マイナス1・5キロくらいで、お腹まわりはマイナス1・5から2センチくらい減りました。数字上の変化はあまりなかったのですが、座ったときに下腹や脇腹あたりの肉が少し浮き輪のようにたるんでいたのが、かなりすっきりしました。

そして、何よりもうれしいのは、周囲のみんなから「やせた?」と、頻繁に声をかけられることです。お腹まわりが締まってきた上に、顔のラインがシャープになり、二重あごもすっきりしてきました。自分自身が変化に気づくのは当然ですが、他人からほめられると、ますますテンションが上がります。今後も、「ストロー呼吸」を続けていきたいと思います。

深い呼吸ができるようになり、リラックス効果が得られました。

K・Oさん
（30代・女性）

「ストロー呼吸」の際中は、息を吸ってお腹をふくらますときに、とにかくお腹が横に広がるよう意識しました。当初は、お腹が前後にしか動かず、腹横筋の動かし方がわからなくて苦労したのですが、腹横筋のあたりをさすったりすることで、徐々に左右にもお腹をふくらませることができるようになりました。あまりにも、普段使っていない筋肉だったからか、最初は動かせなくて四苦八苦しましたが、「ストロー呼吸」によって、眠っていた筋肉を目覚めさせることができたようです。ポッコリお腹を改善し、美しい「くびれ」をつくるには、腹筋（シックスパック）が一番大事だと思っていましたが、腹横筋の大切さを実感しました。

普通の筋トレで、両サイドの腹横筋に、ダイレクトに効くものをこなそうとすると、とてもキツそうで、はじめる前から「きっと、続かないだろうな」と諦めていましたが、「ストロー呼吸」なら簡単に続けられます。そして、4～5日ほど経つと、軽い筋肉痛が！　脇腹にもアプローチできているんだとうれしく感じました。

毎晩寝る前に深い呼吸をすることで、疲れてボーッとしていた頭が、靄《もや》が晴れるようにフーッと軽くなるような気がしました。知らず知らずのうちに、軽く酸欠気味になっていたのかもしれません。

また、仕事中に緊張したり、何かに集中していると、息を止める時間が長くなっていたり、呼吸が浅くなっていたりすることに気づきました。職場でも「ストロー呼吸」をする（ストローなしで）と、深い呼吸ができるようになり、肩に入った無駄な力がスーッとなくなり、リラックス効果が得られる気がします。デスクワークをしながらでも、ちょこちょことタイミングを見ながら、「ストロー呼吸」を取り入れています。

「ストロー呼吸」Q&A

「ストロー呼吸」は、誰にでも簡単にできます。
しかし、単純なトレーニングだけに、
実際に行ってみると、細かいところで、
不明点がいろいろ出てくるのではないでしょうか。
ここでは、本文で伝えきれなかったことや、
「ストロー呼吸」を効果的に行うコツについて、
具体的にお答えしていきます。
疑問を払拭することができれば、
より前向きにトレーニングに取り組むことができます。

Q1 「ストロー呼吸」をするのは、一日のうちで、どの時間帯が効果的ですか。

一般的には、朝起きてトイレに行ったあと「ストロー呼吸」をするのがベストだと思います。呼吸によって酸素がめぐり、目が覚めて頭が冴えます。また、コンディショニングをすることによって、その日に使う筋肉の調子が朝から整えられるという利点があります。

朝だけではなく、寝る前に行ってもよいでしょう。息を吐くことに集中し、呼吸を深くして眠ることで、眠りが深くなる効果もあります。

朝型と夜型の人がいるので「目覚めが悪い」「眠りが浅い」など、自分の悩みに合わせて時間帯を決めるのもひとつの方法です。

「ストロー呼吸」に限らず、筋トレ全般にいえることですが、毎日できるだけ同じ時間帯に行うと習慣づけられます。

Q2 毎日「ストロー呼吸」を続けて行ってもよいのでしょうか。

一般的な筋トレは、2～3日に一度が適切だといわれています。なぜなら、筋トレによって筋肉を壊して修復するまでに、それだけの期間を要するからです。

本書で紹介しているコンディショニングと「ストロー呼吸」は、一般的な筋トレと異なり、筋肉を壊すようなキツイものではありません。

コンディショニングで、歪んだ姿勢を正しいものに導いたり、呼吸に関わる筋肉を柔軟にし、「ストロー呼吸」で呼吸筋を正常に、かつ効率的に動かすことが目的です。従って、毎日行ってもまったく問題はありません。

むしろ、毎日続けていただきたいです。人には体の癖がありますが、それを瞬時に修正できますし、深い呼吸の習慣を身につけることもできます。

Q3 「ストロー呼吸」をする前に、コンディショニングは必須ですか。

本書で紹介している「最強プログラム」（50〜51ページ参照）では、コンディショニングをしてから、「ストロー呼吸」をすることを推奨しています。そのコンディショニングの際に、筋肉を「ゆらす」ことで、呼吸筋（呼吸に関わる筋肉）の強張《こわば》りや偏《かたよ》りをほぐし、呼吸筋が大きく動きやすくなることで、体の歪みをリセットすることができます。そうして体のベースが整います。

体の歪みは、誰にでもあります。コンディショニングをすればすぐに歪みをリセットできますが、またすぐに戻ってしまいます。ですから毎日、コンディショニングで「ゆらす」ことで、呼吸筋を柔軟にして、体の歪みを取った状態にしてから「ストロー呼吸」を行えば、その効果を最大限に引き出すことができます。

Q4 コンディショニングではなく、ストレッチではダメなのでしょうか。

硬くなった筋肉をほぐす方法として、「ストレッチ」がよく行われていますが、これには「動的」と「静的」の2種類があります。体を大きく動かしながらほぐすのが「動的ストレッチ」で、反動を使わずに筋肉を伸ばしていくのが「静的ストレッチ」です。なかでも「静的ストレッチ」は、筋肉を伸ばした状態をキープするため、筋肉の反射を鈍くしてしまうとの報告があります。プロのトレーナーは、トレーニングをはじめる前のウォームアップに「静的ストレッチ」を取り入れないのが普通です。

コンディショニングは体にある機能をすぐに働かせようという発想に基づいているので、ストレッチとは根本的な考え方が異なります。「ストロー呼吸」をする前に行うのは、コンディショニングのほうが有効です。

Q5 「細マッチョ」になりたいのですが、「ストロー呼吸」は適切でしょうか。

筋肉は大きく分けて「速筋」と「遅筋」の2つの種類があります。「速筋」は、主に大きい筋肉で、短距離ランナーのように瞬発力を発揮するもので、普段は温存されている状態です。一方で「遅筋」は主に小さい筋肉で、マラソンランナーのように持久力を発揮するもので、生命活動を維持してくれるエンジンとしての働きがあります。「速筋」を鍛えると筋肉は肥大しますが、「遅筋」は、「速筋」ほど肥大しません。

「ストロー呼吸」でトレーニングする呼吸筋は、どちらかというと「遅筋」に当たります。「ストロー呼吸」を続けることによって大きな筋肉がつくことはないので、どうぞご安心ください。

Q6 「ストロー呼吸」は辛くないのに、十分な効果が期待できるのでしょうか。

日本人はストイックで、極限まで自分を追い込みながら辛いトレーニングを重ねてこそ、ご褒美として、はじめて結果が出ると信じている人が多いものです。しかし、それは大きな間違いです。辛いということは、無理をして筋肉を酷使している訳です。疲労を重ねてしまうと、かえってパワーダウンすることにもなりかねません。

その点、本書で紹介しているプログラムなら、コンディショニングで筋肉をゆらしてリセットすることで、「気持ちがいい」というメンタル面での効果もあり、トップアスリートの中には、いつの間にか眠ってしまう選手もいるほどです。その後の「ストロー呼吸」でも、呼吸に少し負荷をかけて行うだけなので、疲れを感じることもなく続けられ、気がつけばポッコリお腹が改善しています。

Q7

「ストロー呼吸」を長続きさせる秘訣はありますか。

いわゆる筋トレをしてもキツイだけで、特別に楽しいものではありません。ひたすら同じ動きを続ける、地味なトレーニングです。しかし、「ストロー呼吸」は、他の筋トレのようにキツイわけではなく、1日5分の簡単なトレーニング法です。

それでも続ける自信がない人は、「お腹ポッコリを改善して、ズボンのベルトの穴をひとつ詰める」など、明確な目標設定をすることをおすすめします。さらに、期間設定も有効です。「3週間」、「3カ月間」のように定めたり、「ゴールデンウイークまで」、「正月休みまで」など、イベントで区切るのもよい方法です。

そして「目標達成シート」（125～127ページ参照）に記入して、成果を確認していくことも、大きな励みになり、長続きする秘訣です。

「目標達成シート」に記録すれば成果が見えて励みになる

「ストロー呼吸」を、ただ漫然と続けているだけではなく、毎日きちんと記録をつけておくと、変化を客観的に観察できます。

1週間の成果を、ポイントだけでもメモしておくと、励みになります。

「目標達成シート」の記入方法

1 体重・体脂肪率を測る

朝起きたらトイレを済ませ、裸になって体重計に乗り、体重と体脂肪率を測定する。

2 お腹まわりを測る

おへその少し下の部位を、メジャーで測定する。

3 1週間の成果を記録する

- お腹ポッコリ改善！
- 肩こり、首こり解消！
- 腰痛解消！
- 脚のむくみ解消！
- 膝の痛み解消！
- リラックス効果！
- その他

目標達成シート

1週間目 ＿＿月＿＿日 ～ ＿＿月＿＿日

	体重(kg)	体脂肪率(%)	お腹まわり(cm)
日			
月			
火			
水			
木			
金			
土			

1 週間目の成果

※このページをコピーすれば、記入しやすくなります。

目標達成シート

2週間目 ＿月＿日 ～ ＿月＿日

	体重(kg)	体脂肪率(%)	お腹まわり(cm)
日			
月			
火			
水			
木			
金			
土			

2週間目の成果

※このページをコピーすれば、記入しやすくなります。

目標達成シート

3週間目　＿月＿日 ～ ＿月＿日

	体重(kg)	体脂肪率(%)	お腹まわり(cm)
日			
月			
火			
水			
木			
金			
土			

3 週間目の成果

※このページをコピーすれば、記入しやすくなります。

著者
牧野 講平 まきの こうへい

森永製菓トレーニングラボ ヘッド・パフォーマンススペシャリスト
一般社団法人日本コンディショニング協会理事およびプロフェッショナルコンディショニングトレーナー
NSCA認定ストレングス&コンディショニングスペシャリスト
NSCAジャパン認定検定員
JATI上級トレーニング指導者
NASMパフォーマンスエンハンスメントスペシャリスト
EMIコアパワーヨガトレーナー

1979年、北海道生まれ。イースタン・ワシントン大学（米国）卒業後、2004年に森永製菓トレーニングラボのパフォーマンスコーチとして契約。2011年に同施設のヘッド・パフォーマンススペシャリストに就任。浅田真央、太田雄貴、高梨沙羅、前田健太、有村智恵、宮里美香など、世界で活躍するトップアスリートをサポートした実績がある。2010年から、俳優、歌手、モデルなどの体型指導にも当たっている。

本文デザイン　シーツ・デザイン（島田利之）
イラスト　中村知史
撮影　DUCKTAIL（金子吉輝）
編集協力　Take One（雨宮敦子）

ストロー呼吸でお腹がスッキリ凹む

2018年6月14日　初版発行

著者　牧野講平
発行者　佐藤龍夫
発行　株式会社大泉書店
住所　〒162-0805　東京都新宿区矢来町27
電話　03-3260-4001（代）
FAX　03-3260-4074
振替　00140-7-1742
印刷　ラン印刷社
製本　明光社

URL http://www.oizumishoten.co.jp/
ISBN 978-4-278-04272-6　C0077